Dieu m'a donné rendez-vous à l'hôpital

Itinéraire spirituel d'un prêtre-médecin

Bruno Cazin

Dieu m'a donné rendez-vous à l'hôpital

Itinéraire spirituel d'un prêtre-médecin

bayard

18, rue Barbès, 92128 Montrouge Cedex
ISBN : 978-2-227-48851-9

« Progressez dans la charité qui a été répandue dans nos cœurs par l'Esprit saint qui vous a été donné, afin que brûlant de charité et attentifs aux choses spirituelles, vous puissiez connaître la lumière et la voix spirituelle que les hommes charnels ne peuvent saisir. Elle n'apparaît pas, en effet, aux yeux corporels, ni ne résonne aux oreilles du corps. Elle ne peut être vue et entendue qu'à l'intérieur. Ce qui est entièrement ignoré ne saurait être aimé ; mais si aimé est ce qui est connu, ne fût-ce qu'en infime partie, cette dilection le fera mieux comprendre et en plénitude. Si donc, vous progressez dans la charité, l'Esprit saint répandu dans vos cœurs vous enseignera toute la Vérité. »

Saint Augustin,
Commentaire de l'Évangile selon saint Jean, 96, 4.

Préface

Qu'allez-vous découvrir dans les pages de ce livre ? Le contenu scientifique d'une spécialité médicale ? La vie quotidienne d'un médecin hématologue hospitalier ? Des récits rapportant le vécu de patients atteints de maladies potentiellement graves ? Le témoignage de ce qui constitue une relation entre un médecin et ses patients ? Le cœur de l'expérience humaine des personnes malades et de ceux qui prodiguent des soins ? Oui, mais pas seulement, sinon vous manqueriez l'essentiel.

L'essentiel, c'est la façon dont le soin des personnes malades et fragiles atteste de la puissance de la résurrection. C'est le mystère du salut qui traverse ce livre de part en part, parce qu'il est la source des gestes qui soignent et qui prennent soin.

Lieu de réalités fortes, souvent dures, parfois dramatiques, l'hôpital bruit des mouvements de la vie. On y donne la vie, on y souffre, on y accompagne ceux que l'on aime, on s'y inquiète, on y perd espoir, on y reprend des forces, on y meurt. Il est le dernier refuge, y passer laisse rarement sans souvenir. Il est cet espace de flux et de reflux de la vie. Les situations humaines rencontrées par ceux qui y exercent les laissent rarement indemnes. Elles appellent à un investissement intérieur et relationnel important pour les soignants. Ce livre témoigne de ce qui peut le constituer : de la compétence technique, de la présence, de l'humilité, de l'action de grâce et finalement d'une union au Christ mort et ressuscité.

Bruno Cazin a réussi à éviter le piège de la métonymie : établir à partir de quelques parcours de patients des archétypes, comme si des histoires singulières pouvaient à elles seules résumer la complexité de ce qui se joue en profondeur dans la maladie. En revanche, s'appuyant sur une longue expérience de compagnonnage avec ses patients, il illustre combien, aujourd'hui comme hier, l'hôpital reste un haut lieu spirituel pour les personnes qui y sont soignées comme pour les soignants et les visiteurs de malades. Il nous relate que l'expérience de la fragilité et de la dépendance peut amener, à condition d'y consentir, à un véritable cheminement spirituel qui ouvre à une transcendance. Oui, notre société se trouve devant une alternative : un soin soumis à la seule logique économique et technologique, ou bien un soin qui assume pleinement ses différentes dimensions technique, relationnelle et spirituelle. Pas n'importe quelle dimension spirituelle, celle qui donne du sens, celle qui repose sur une vision de l'homme dans toutes ses dimensions, celle qui s'appuie sur des vertus anthropologiques partagées et expérimentées dans toute existence, laissant place et sens aux plus fragiles d'entre nous. L'actuelle primauté du techno-économique nous fait parfois oublier que l'être humain est d'abord de corps, de sens et de relation. Tenter d'accompagner la souffrance dans sa dimension spirituelle, c'est d'abord reconnaître ce besoin irrésolu de sens qui se tient au cœur de l'homme. C'est pour le soignant assumer la nature spirituelle de la personne qu'il accompagne et la sienne propre. Ce livre nous le rappelle.

Beaucoup s'interrogent sur la question du mal : comment peut-on croire encore quand on est confronté quotidiennement au scandale de la souffrance ? C'est justement dans ces lieux de mauvaises nouvelles que la Bonne Nouvelle doit être annoncée, et donc partagée et vécue. L'hôpital est l'un d'eux, une de ces périphéries où parfois la mort semble l'emporter. C'est bien pourquoi il nécessite des soignants qui se laissent traverser par la dynamique du salut. Le salut s'éprouve, plus qu'il ne se pense. Ceux qui en parlent le mieux ne sont pas forcément ceux qui y réfléchissent, mais ceux qui, directement ou indirectement, ont connu des épreuves, le danger, la perte, la dépendance, le handicap, l'exclusion… ceux qui, d'une façon ou d'une autre, ont eu à être sauvés ou à sauver, humblement.

Puissiez-vous, au travers de l'expérience humaine décrite dans ce livre et du cheminement qu'il vous propose, vous approcher du mystère de la foi en Dieu Trinité manifesté en Jésus Christ.

Jean-Guilhem Xerri
Praticien des hôpitaux
Auteur de *Le soin dans tous les états*,
Desclée de Brouwer, 2011 ;
À quoi sert un chrétien, Cerf, 2014.

À mes parents ;

aux évêques et archevêques de Lille, NNSS Jean Vilnet (†),
Gérard Defois et Laurent Ulrich ;

à Bertrand endormi dans la mort en 1983, qui m'a rendu sensible à la dimension spirituelle de la maladie[1] et aux nombreux malades rencontrés depuis mon premier stage hospitalier en 1979. Ils sont devenus mes maîtres ;

aux religieuses hospitalières et en particulier aux sœurs, qui, sous la règle de saint Augustin, ont servi les malades à l'hôpital de Seclin (Nord), ma ville d'origine, de 1246 à 2013. Je n'oublie pas que ma vocation de prêtre s'est révélée dans leur chapelle ;

à tous les soignants et en particulier aux confrères médecins, mes compagnons de route.

1. Publié dans la revue *Laennec* 32, 1, octobre 1983, p. 8-9 ; extrait en annexe 1.

Préliminaire

Dieu se révèle dans les lieux de souffrance et de soins. J'en ai très vite acquis la conviction, alors que j'avais accepté d'étudier la médecine par obéissance à mon père et par fidélité à une tradition familiale à laquelle il m'était difficile d'échapper. J'avais reçu l'appel à devenir prêtre, et y avais répondu avec enthousiasme. C'est pourquoi j'ai d'abord considéré la médecine comme un obstacle à ma vocation. Pressé d'en finir avec les études de médecine, j'ai rapidement passé examens et concours et suis devenu interne des hôpitaux de Paris un peu avant mon vingt-troisième anniversaire. Déjà mes stages d'étudiant m'avaient fait apprécier ce qui se vivait à l'hôpital. En assumant une responsabilité médicale en hématologie clinique, j'ai découvert l'intensité humaine de ce que vivaient soignants et malades. J'ai approfondi ma foi au Christ et ma compréhension du mystère du salut au travers de la fréquentation des personnes souffrantes. Aussi, peu à peu, a grandi en moi le projet de continuer l'exercice médical comme prêtre. Je m'en suis expliqué de manière encore bien timide un peu avant l'ordination presbytérale. Encouragé par l'évêque, j'ai été confirmé plus tard dans cette vocation originale de prêtre-médecin, dont je mesure aujourd'hui la richesse et la fécondité pour ma vie spirituelle et, je l'espère, pour l'Église.

Certains s'étonnent de voir un prêtre dans un tel lieu de perdition. Comment peut-on croire encore quand on est confronté quotidiennement au scandale de la souffrance ? Comment garder la foi quand on baigne dans un environnement scientifique où tout se prouve et se démontre ? Comment rester intègre quand les dérives éthiques menacent l'exercice médical ? Que n'ai-je entendu ? Y compris des âmes bien intentionnées préoccupées des règles de pureté qui voudraient écarter les ministres sacrés de l'impureté du sang ! Je ne sais si elles avaient à l'esprit le code du Lévitique (Lv 15,19.24 ; 17,10-12) ou les versets de la Marseillaise ! Cependant, à côté de ces rares objections, j'ai reçu de nombreux encouragements de chrétiens appréciant ce positionnement qui confère une certaine coloration à la manière d'exercer le sacerdoce ministériel. Beaucoup soulignent l'importance de décliner l'espérance chrétienne dans la complexité du monde et en particulier dans le domaine de la santé et du soin, là où souffrance et mort contrarient l'aspiration au bonheur. J'ai perçu aussi combien des personnes éloignées de l'Église et de l'expérience de foi sont sensibles à l'engagement professionnel d'un prêtre auprès des malades. Au fil des rencontres pastorales en paroisse ou dans les aumôneries de jeunes, j'ai mesuré combien Dieu m'avait donné rendez-vous comme prêtre dans une de ces périphéries existentielles où le pape François nous demande d'être présents.

Coopérant au Brésil à la fin des années 1980, j'étais déjà familier de cette expression chère aux théologies de la libération[2], nourrie d'un référentiel biblique très riche. Je me contente de citer la lettre aux Hébreux : « Sortons donc à sa rencontre, en dehors du camp en portant son humiliation » (Hb 13,13). Là où Jésus sera conduit au lieu-dit Golgotha, à la périphérie de la ville. Là où l'on a relégué les hôpitaux à l'époque moderne. Là où les appétits de puissance se heurtent à la souffrance et à la mort. Cependant, les périphéries désignent davantage un défi pour l'annonce de l'Évangile qu'une zone géographique. Elles sont un lieu théologique, un lieu où Dieu se révèle, un lieu où Dieu parle et nous transforme, un lieu où se joue le salut des hommes. En son temps, la lettre aux catholiques de France[3] avait pointé combien la souffrance était trop souvent un obstacle à la foi, en même temps qu'une opportunité pour l'annonce de l'Évangile. C'est de cela que je voudrais relater l'expérience.

2. Leonardo Boff, *a fé na periferia do mundo*, Petrópolis, Éditions Vozes, 1984.
3. *Lettre aux catholiques de France : Proposer la foi dans la situation actuelle*, conférence des évêques de France, Mgr Claude Dagens, Cerf, 1994, p. 19-20.

Au travers de mes responsabilités médicales à l'hôpital, je me suis habitué à chercher Dieu dans les lieux de souffrance alors qu'il est plus fréquent de le contempler dans la beauté des paysages ou l'harmonie d'un bouquet de fleurs comme en témoignent les cartes postales et les signets qu'on trouve dans les librairies religieuses et les centres spirituels. J'avais été sensibilisé à ce point de vue par le billet d'une religieuse argentine[4] qui invitait ses lecteurs à chercher Dieu aussi dans les lieux de souffrance et d'injustice en évoquant ces représentations familières volontiers idylliques. Il est vrai qu'on voit mal envoyer une carte postale illustrant la misère d'un bidonville ou un malade sur un lit d'hôpital ! Et pourtant !

Mgr Pierre Claverie, évêque d'Oran assassiné en 1996, parlait lui des lieux de fracture de l'humanité[5]. L'expression s'applique volontiers à ces situations où l'homme est brisé par la souffrance et l'épreuve de la maladie grave, même si elle possédait, dans le contexte algérien, une forte connotation politique et sociale.

Périphéries, lieux de fracture… le monde de la souffrance est à bien des égards un lieu frontière comme l'écrivait le père Léon Burdin, jésuite, aumônier d'hô-

4. Publié par la revue *Dial, Diffusion de l'information sur l'Amérique latine.*

5. Pierre Claverie, *Lettres et messages d'Algérie*, Paris, Karthala, 1996, p. 22 : « Jésus n'est pas seulement le prophète de l'amour divin, mais il a donné sa vie pour le manifester. Il l'a fait en plaçant sa vie et son œuvre sur les lignes de fracture de l'humanité blessée : fracture de l'homme désorienté parce qu'il a perdu le sens de sa vie, fractures entre les humains qui s'excluent les uns les autres ou s'exploitent et s'écrasent… »

pital, dans un témoignage remarquable de justesse[6]. En effet, célébrer aujourd'hui la grandeur de l'homme aux frontières de la vie ne va pas de soi. Y discerner la présence de Dieu non plus. Et pourtant, c'est aux frontières que se joue le salut… c'est-à-dire dans les zones d'ombre qui ne sont pas ensemencées par la grâce, les zones où le mal et le péché semblent l'emporter, où Dieu semble absent. C'est là que nous sommes appelés à annoncer en priorité la puissance de la résurrection, la force de l'amour qui relève.

Aussi, comme Moïse, nous pouvons parfois nous questionner et demander à Dieu de se manifester clairement : « Je t'en prie, laisse-moi contempler ta gloire ! » (Ex 33,18.) Et comme lui nous entendrons Dieu nous dire : « Tu ne pourras pas voir mon visage, car un être humain ne peut pas me voir et rester en vie. Voici une place près de moi, tu te tiendras sur le rocher quand passera ma gloire, je te mettrai dans le creux du rocher et je t'abriterai de ma main jusqu'à ce que j'aie passé. Puis je retirerai ma main, et tu me verras de dos, mais mon visage, personne ne peut le voir. » (Ex 33,20-23.) Il nous faut nous recueillir, faire silence, laisser résonner des situations et des rencontres ; mettre en lumière des visages, nourrir le dialogue du salut[7] que Dieu engage

6. Léon Burdin, *Parler la mort. Des mots pour la vivre*, Paris, Desclée de Brouwer, 1997.
7. Thème développé par Paul VI dans *Ecclesiam Suam*, notamment les n°s 73-82, et mis en valeur par Mgr Laurent Ulrich, archevêque de Lille, dans la deuxième année de préparation au centenaire du diocèse en 2013.

sans cesse avec l'humanité avec laquelle il a fait alliance. C'est ainsi que je procéderai, en opérant des va-et-vient de l'expérience médicale à la Bible, de façon à mettre en valeur la dimension spirituelle de ce qui est vécu et aiguiser un regard croyant sur les soins à l'hôpital.

Je pourrai alors faire miens les propos de saint Jean l'évangéliste : « Dieu, personne ne l'a jamais vu ; le Fils unique, lui qui est Dieu, lui qui est dans le sein du Père, c'est lui qui l'a fait connaître. » (Jn 1,18.) Car « le Verbe s'est fait chair, il a habité parmi nous, et nous avons vu sa gloire, la gloire qu'il tient de son Père comme Fils unique, plein de grâce et de vérité » (Jn 1,14). Ce visage du Christ nous est apparu sous les traits des malades qui nous sont confiés, ces tout petits auxquels Dieu se révèle en priorité (Lc 10,21), ceux-là mêmes auxquels Jésus s'identifie (Mt 25,40). Ainsi avec saint Jean et avec toute l'Église, je pourrai jubiler et reconnaître que « tous, nous avons eu part à sa plénitude, nous avons reçu grâce après grâce car la Loi fut donnée par Moïse, la grâce et la vérité sont venues par Jésus Christ » (Jn 1,16-17). Cette grâce et cette vérité que Moïse reconnaissait en déployant le nom de Dieu dans l'obscurité de la foi, nous les accueillons comme un don que Dieu nous fait au travers des membres souffrants du Corps de son Fils.

Comme le dit l'encyclique *Ecclesiam Suam* de Paul VI, publiée pendant le concile Vatican II en 1964 : « Voilà l'origine transcendante du dialogue. Elle se trouve dans l'intention même de Dieu. La religion est de par sa nature un rapport entre Dieu et l'homme. La prière exprime en dialogue ce rapport. La révélation, qui est la relation surnaturelle que Dieu lui-même a pris l'initiative d'instaurer avec l'humanité, peut être représentée comme un dialogue dans lequel le Verbe de Dieu s'exprime par l'Incarnation, et ensuite par l'Évangile [...] C'est dans cette conversation du Christ avec les hommes que Dieu laisse comprendre quelque chose de lui-même, le mystère de sa vie, strictement une dans son essence, trine dans les Personnes ; c'est là qu'il dit finalement comment il veut être connu : il est Amour.[8] »

C'est bien modestement que je m'aventure dans la rédaction de ces pages, même si j'en nourris le projet depuis quelques années. Je suis dans l'attitude des disciples qui n'ont que bien peu de choses à présenter à Jésus : cinq pains et deux poissons, et pourtant Jésus les leur demande (Mt 14,17-18). Avec eux, cependant, je constate le miracle de l'action de grâce et du partage, la surabondance inattendue, la prodigalité du don, la foule rassasiée et les douze paniers pleins qui restent, comme pour signifier que l'Église est fondée sur cette générosité surprenante. C'est dans cette disposition d'esprit que je me propose de recueillir les fruits de plus de trente années d'expérience hospitalière, dont vingt-quatre comme prêtre. Ce qui peut sembler banal, quotidien aux yeux de nombreux soignants, peut se révéler extrêmement riche,

8. Paul VI, *Ecclesiam Suam*, n° 72.

si toutefois, avec Jésus, nous acceptons d'entrer dans la démarche qui consiste à prononcer la bénédiction sur ce peu de choses et à les partager.

Si j'exerce mon ministère de prêtre comme praticien hospitalier dans un centre hospitalier régional et universitaire public, c'est d'abord parce que cet exercice médical fait partie de la mission que j'ai reçue des évêques successifs depuis mon ordination, aux côtés d'autres responsabilités ecclésiales, d'aumônier des étudiants, de vicaire épiscopal pour la région de Dunkerque puis, depuis six ans, comme vice-recteur puis président-recteur délégué de l'Université catholique de Lille. Certes, cette mission originale de prêtre-médecin a été entretenue par la fidélité aux malades qui m'ont donné leur confiance et par l'intérêt professionnel pour ma spécialité, mais elle s'est avant tout nourrie d'une expérience spirituelle que j'ai à cœur de partager avec vous. Le Christ m'a donné rendez-vous à l'hôpital. Au contact des malades, j'ai vérifié la pertinence de la foi chrétienne, plus encore sa vérité. Ainsi, ce que j'ai à écrire est très simple. Ce n'est rien d'autre que la foi de l'Église, revisitée à la lumière de l'accompagnement médical de plus d'un millier de malades atteints de leucémies.

I

Une expérience médicale

I

L'hématologie clinique

Dès mon premier stage d'étudiant, j'ai été conquis par l'ambiance qui régnait dans le service des maladies du sang. Il est difficile de définir pourquoi. Était-ce en raison de la figure attachante du chef de service qui n'hésitait pas à aborder les patients en utilisant le patois local pour manifester sa proximité ? Quitte à provoquer des situations cocasses lorsque l'interlocuteur était d'un milieu social qui ne pratiquait pas le chti. Était-ce en raison de la gravité des maladies traitées et du combat mené pour faire triompher la vie ? Assurément. C'était probablement aussi du fait de la nature même de l'hématologie clinique, une spécialité prometteuse, où soin des malades et recherche étaient étroitement liés.

L'hématologie clinique est encore jeune. Elle a émergé dans les années 1950 avec les premières transfusions sanguines. Elle s'est développée ensuite avec les premiers traitements des maladies de Hodgkin et des leucémies de l'enfant. Les pionniers exerçaient initialement une autre discipline ; la pédiatrie par exemple, pour Jean Bernard qui fait figure de patriarche de l'hématologie en France[9]. D'autres étaient avant tout biologistes, mais recevaient et suivaient les malades dont ils étudiaient le sang. J'ai eu la chance de rencontrer plusieurs de ces fondateurs en France ou à l'étranger. L'hématologie leur doit beaucoup. Ils ont permis une progression formidable des connaissances et des possibilités thérapeutiques. Ils ont posé les bases des réseaux nationaux et internationaux de recherche. Ils sont très respectés. En leur présence, je mesure, avec les collègues, l'épopée extraordinaire de notre spécialité qui associe étroitement pratique clinique et activité de laboratoire, prise en charge des patients et recherche fondamentale. En effet, le sang est relativement facile à étudier au microscope. Les techniques de coloration ont assez vite permis le diagnostic des principales maladies du sang par l'examen attentif des cellules au microscope. Des techniques de plus en plus sophistiquées ont permis des classifications toujours plus précises des pathologies, grâce aux progrès de l'immunologie, de la génétique et enfin de la biologie moléculaire. La collaboration reste très étroite entre cliniciens et biologistes, même si les domaines de compétence et d'implication se sont peu à peu dissociés.

9. Jean Bernard, *La légende du sang*, Paris, Flammarion, 1992.

L'hématologie, dont l'objet se définit par l'étude des éléments nobles du sang : globules rouges, globules blancs, plaquettes, facteurs de coagulation, connaît une croissance continue depuis plus d'un demi-siècle. Les progrès fulgurants des connaissances se traduisent peu à peu au niveau thérapeutique, même s'il reste fort à faire. Aux médicaments découverts empiriquement se sont ajoutées des molécules ciblées, conçues et synthétisées spécifiquement pour bloquer tel ou tel mécanisme biochimique anormal. La première d'entre elles, l'imatinib, a littéralement révolutionné en 2000 le pronostic de la leucémie myéloïde chronique, dont l'espérance de vie médiane était jusque-là de trois ans. Je me souviens avec émotion de la salve d'applaudissements qui suivit la brève présentation timide et monocorde d'un chercheur asiatique effectuant son postdoctorat aux États-Unis. Des milliers d'hématologistes en congrès annuel prenaient conscience du pas de géant qui était franchi. La pharmacologie est devenue de l'orfèvrerie moléculaire. Les progrès tiennent autant à l'accroissement des possibilités de traitement mathématique des données qu'aux progrès en génomique et plus largement en biologie moléculaire. Les victoires successives alimentent un climat de confiance et même une légitime euphorie. Celle-ci est à peine freinée par la conscience d'une complexité croissante qui se révèle au fur et à mesure des progrès de la connaissance, au point qu'on parle aujourd'hui de médecine personnalisée. Les congrès internationaux, notamment le congrès annuel de la société américaine d'hématologie (ASH), sont autant de grandes célébrations scientifiques auxquelles il est bon de communier avec ferveur[10]. La communauté scientifique des hématologistes vit une véritable épopée collective, impliquant toujours davantage de médecins et de biologistes, y compris maintenant dans les pays émergents. Le développement des connaissances et des possibilités thérapeutiques est tel qu'il m'arrive, en accueillant de jeunes confrères, d'expliquer que j'ai connu la préhistoire de notre discipline !

Je m'occupe essentiellement de patients atteints de leucémie lymphoïde chronique. Il s'agit de la plus fréquente et de la moins grave des leucémies. Un tiers des patients qui en sont atteints n'aura jamais besoin de traitements. Les autres nécessiteront une prise en charge thérapeutique et verront leur espérance de vie parfois sensiblement raccourcie. Fort heureusement, dans ce domaine, j'ai le bonheur de participer à la troisième révolution thérapeutique en vingt ans, avec de nouvelles molécules à l'action ciblée sur plusieurs déterminants du fonctionnement cellulaire du lymphocyte B. Cependant, malgré cette formidable accélération des connaissances et la multiplication des possibilités thérapeutiques, l'hématologiste clinicien est souvent rappelé au réalisme et à l'humilité face à des maladies qui, hélas, continuent de

10. J'emprunte volontiers l'image liturgique du congrès de l'ASH à mon collègue bordelais Noël Milpied dans un éditorial de *Correspondances en oncohématologie*, octobre 2013.

tuer aujourd'hui des personnes de tous âges, sans oublier celles qui, pour des raisons de niveau de développement et de moyens économiques, n'ont pas accès aux soins dans de nombreux pays du globe.

II

Le sang

Organe fluide, le sang reste largement méconnu. Connaissances scientifiques et aspects symboliques se mêlent souvent dans la représentation qu'on s'en fait.

Les globules rouges ou hématies ont la particularité d'être des cellules débarrassées de leur noyau. Grâce à l'hémoglobine, une protéine chargée de fer, elles transportent l'oxygène nécessaire à la vie des cellules. Elles sont dotées d'une grande plasticité qui leur permet de circuler dans les petits vaisseaux et d'atteindre les différents organes. Quelques maladies héréditaires de l'hémoglobine ou des globules rouges provoquent des problèmes de santé publique dans certaines régions. Dans nos contrées, les maladies des globules rouges sont rares, à l'exception des anémies (manque d'hémoglobine) aux causes multiples et des cas plus rares de polyglobulies (excès d'hématies).

Les maladies des globules blancs concentrent à elles

seules plus de 90 % de l'activité d'un service d'hématologie clinique, qui s'occupe essentiellement d'oncohématologie, c'est-à-dire des pathologies malignes des cellules sanguines. On distingue les leucémies, lorsque les cellules malignes circulent dans le sang (leucémie signifie littéralement sang blanc), les lymphomes, lorsque la maladie siège principalement dans les ganglions ou dans la rate, et les myélomes, lorsque la maladie concerne le plasmocyte, cellules dérivées des lymphocytes et spécialisées dans la fabrication des anticorps. Je n'entrerai pas ici dans le détail des différentes maladies que nous traitons. Je me contenterai d'expliquer l'existence de deux grandes familles de globules blancs : les granuleux (polynucléaires neutrophiles notamment), qui jouent un rôle primordial dans la défense antibactérienne, et les lymphocytes, soldats de l'immunité. Ainsi, il est aisé de comprendre que les maladies du sang ont peu de symptômes en propre mais entraînent un risque infectieux accru, de loin la première cause de la mortalité qui leur est imputée. Les maladies qui concernent les lymphocytes s'accompagnent de complications auto-immunes et d'une augmentation du risque d'autres cancers. C'est le cas notamment dans la leucémie lymphoïde chronique, laquelle entraîne une immunodépression qui s'aggrave avec le temps et les traitements successifs, provoquant un risque accru d'infections.

Les plaquettes, quant à elles, sont souvent ignorées. Fragments de cellules géantes – les mégacaryocytes –, elles jouent un rôle majeur dans la première phase de l'hémostase, autrement dit la constitution du caillot qui met fin à l'hémorragie. Rares sont les maladies qui n'impliquent que les plaquettes, mais celles-ci sont souvent diminuées dans les leucémies et autres maladies du sang. Dans le processus de formation du caillot, elles sont relayées par un système complexe impliquant les vaisseaux et de nombreux facteurs de coagulation, le plus connu d'entre eux étant le facteur anti-hémophilique, déficient dans l'hémophilie.

Hématies, globules blancs et plaquettes sont fabriqués dans la moelle osseuse, lieu de production du sang, située avant tout au niveau des os du bassin et du sternum, dans lesquels il est assez aisé de la recueillir pour l'étudier. On connaît de mieux en mieux les interactions subtiles qui existent entre le microenvironnement osseux de la moelle et les cellules hématopoïétiques, autrement dit les précurseurs du sang, contenues dans des niches, régulées par de multiples facteurs synthétisés dans les cellules voisines.

Les lymphocytes circulent aussi entre sang et moelle mais habitent principalement les ganglions, la rate et les différents organes lymphoïdes de notre organisme dont les plus connus sont l'amygdale et les végétations. Ainsi, on l'ignore souvent : à côté des artères et des veines, nous disposons d'un troisième réseau, le système lymphatique. Cimetière des éléments sanguins, la rate est aussi un formidable réservoir de mémoire immunologique, laquelle est contenue dans une catégorie de lymphocytes. Tout comme le foie, elle a joué un rôle important dans la fabrication du sang durant la période fœtale, capacité qu'elle sollicite à nouveau dans certaines circonstances pathologiques.

Si des collègues hématologistes se sont spécialisés dans les pathologies de la thrombose et de la coagulation, d'autres dans des maladies génétiques qui touchent le sang ou les défenses immunitaires, notamment en pédiatrie, la majorité des forces vives des services d'hématologie est mobilisée par l'oncohématologie. Celle-ci se distingue de la cancérologie « solide » à la fois pour des raisons historiques et une culture médicale différente. En effet, le sang est un organe fluide. Les cellules circulent facilement et la distinction tumeur localisée, envahissement ganglionnaire et métastases n'est pas pertinente en hématologie. La chirurgie n'a guère sa place dans le traitement des maladies du sang, rarement localisées. La radiothérapie occupe une place très limitée. De ce fait, contrairement à ses confrères cancérologues, l'hématologiste est seul pour assurer la prise en charge thérapeutique des patients atteints de maladie du sang.

Ce bref panorama du paysage hématologique serait incomplet si, à côté de la description scientifique, je ne me livrais pas à une brève réflexion sur la charge symbolique du sang[11]. Contenu dans nos vaisseaux, le sang n'est

11. Je m'inspire notamment de Jean-Paul Roux, *Le sang. Mythes, symboles et réalités*, Paris, Fayard, 1988. Bruno Cazin, « Symbolique du sang », in Bruno Audhuy,

visible qu'après une blessure ou un prélèvement intraveineux, tout au moins chez l'homme. Il en est autrement chez la femme, laquelle saigne périodiquement. Le sang est ainsi symboliquement rattaché à la chasse, à la guerre et à la sexualité. Cette dernière association serait l'explication de la pratique de la circoncision, au-delà des significations que peuvent en donner le judaïsme et l'islam. L'acte symbolique de faire saigner le prépuce du garçon serait une manière de l'autoriser à entrer en contact avec la femme qui saigne et qui, de ce fait, pourra engendrer. Plus largement on attribue au sang l'identité, familiale ou tribale. Des expressions comme le « sang bleu », les « sangs mêlés » le traduisent volontiers, tandis que le sang serait porteur de nos humeurs et de nos préoccupations : « Je me fais un sang d'encre », « Il se fait du mauvais sang ». Bien des patients s'emploient à nous le rappeler en tentant d'expliquer la maladie « qui leur tombe dessus ».

Lié aux origines comme à la fin de la vie, le sang est une des grandes expressions du sacré. Il est impliqué dans les relations entre les hommes, mais aussi avec les dieux comme le manifeste l'importance des sacrifices. Symbole de vie et de mort, il est foncièrement ambivalent. Il accompagne la naissance d'un enfant et le risque, autrefois fréquent, de mourir en couches. Il suscite attirance et répulsion. Il est pur ou impur. On s'en asperge dans

---

Philippe Colombat (dir.), *Soins palliatifs et accompagnement en hématologie*, Strasbourg, Coprur, 2000.

certains rites, alors qu'on le fuit dans d'autres circonstances. Certains l'absorbent, quand d'autres l'excluent de leur alimentation.

Le fait qu'une hémorragie massive puisse entraîner la mort explique probablement pourquoi tant de personnes sont prises de malaise à la vue du sang ou écartent d'emblée la possibilité d'exercer un métier où il est question de sang. Mais, assurément, la charge symbolique de celui-ci est déterminante dans ces attitudes.

« Le sang, c'est la vie. » Le slogan fort utile pour appeler au don du sang en dit long sur le pouvoir qu'on lui attribue. Beaucoup de civilisations l'assimilent à l'âme, tout comme le souffle. C'est dire combien le sang est investi symboliquement. Ajoutez à cela qu'il est difficile d'en cerner les limites – il est contenu dans les vaisseaux, certes, mais il circule partout – et vous comprendrez qu'être atteint d'une maladie du sang, qui plus est d'un cancer du sang, c'est être pris de vertige à l'idée que tout le corps est atteint, que le cancer est généralisé, que l'identité même est menacée. Quel est donc cet organe mystérieux qu'aucun bistouri ne peut isoler et encore moins amputer ? Quel est donc cet organe qui pénètre partout, qui est indispensable à la vie ? Quel est donc ce liquide qui se renouvelle au plus intime de nos os, dans le secret d'une moelle qu'on ne peut atteindre qu'au prix de violation de domicile aussi effrayante que douloureuse ?

Le sang, c'est aussi le sang versé sur les champs de bataille, le sang des sacrifices et, pour nous chrétiens, celui du Christ en croix, le sang offert de l'eucharistie[12]. C'est bien sûr aussi le sang des martyrs qui offrent leur vie à la suite du Christ. J'en mesure toute la portée lorsque je consacre le vin lors du sacrifice eucharistique et élève la coupe contenant le sang du Seigneur.

La charge symbolique du sang pèse dans les représentations mentales que les patients se font de leur maladie. Elle influence aussi sans aucun doute les prescriptions médicales de transfusions, notamment plaquettaires, tant la peur de saigner continue de hanter les esprits, alors que le risque vital est souvent limité.

---

12. Bruno Cazin, « Sang et vin, la symbolique spirituelle », *Revue d'alcoologie et d'addictologie,* 2002, 24(2), p. 149-150.

III

Du diagnostic aux décisions thérapeutiques

Si un simple coup d'œil sur les résultats d'une prise de sang peut parfois suffire à établir un diagnostic ou à évaluer une situation clinique en hématologie, cette possibilité résonne comme une invitation à rencontrer la personne humaine dans toutes ses dimensions, à commencer par la dimension physique. Cela signifie au minimum d'explorer les aires ganglionnaires[13] et de rechercher une augmentation du volume de la rate. Or, il n'est pas rare que j'entende la réaction étonnée de patients : « Ah vous m'examinez ! » Outre l'exigence de mesurer le retentissement de la maladie, l'examen clinique

13. Il s'agit, pour ce qui est accessible à l'examen clinique, des régions cervicales et sus-claviculaires, axillaires et inguinales. Les autres aires ganglionnaires ne peuvent être appréhendées que par le biais d'examens complémentaires : échographie, scanner, TEP scan (tomographie par émission de positons).

a en effet le mérite d'appréhender la personne dans son corps, de se mettre, même brièvement, à l'écoute de son corps, et donc d'entrer en relation avec elle. Bien des patients ne s'y trompent pas qui me remercient de les avoir auscultés (*sic*) alors même que je n'ai pas sorti de stéthoscope. C'est dire s'ils ont compris qu'il était question d'écoute ! Il s'agit d'initier une rencontre, de connaître des éléments de leur vie – leur profession, leurs passions, leurs engagements, ce qui compte pour eux –, bref, de nouer une relation. Celle-ci, même fugace, a toute chance de se renouveler dans le temps, au point de bâtir une véritable complicité dont le médecin ne mesure pas toujours l'importance pour la personne malade. En effet, le médecin voit défiler de nombreux visages, tandis qu'il est souvent l'unique référent spécialiste pour ce malade singulier, qui s'en remet à sa compétence et lui donne sa confiance.

Étudiant en médecine, j'ai à peine connu l'époque où il était de mise de cacher le diagnostic aux patients pour les protéger d'une annonce anxiogène, et, probablement aussi, pour dispenser le médecin d'un dialogue exigeant. Cette époque est largement révolue, et si certains patients ont déjà reçu quelques explications de leur médecin traitant ou sont allés se renseigner sur Internet, beaucoup nous consultent naïvement pour une anomalie détectée lors d'un examen de sang et sont dépourvus de symptômes. L'annonce du diagnostic est alors d'une grande violence, ce d'autant que dans l'imaginaire collectif le mot « leucémie » est associé au risque de mort. Il me faut alors redoubler de pédagogie pour expliquer qu'il existe plusieurs sortes de leucémies et que les leucémies chroniques n'ont pas le pronostic redoutable des leucémies aiguës, que certaines n'évolueront jamais et n'entraîneront pas la mort, que d'autres nécessiteront un traitement, et même des traitements successifs, qu'il faudra apprivoiser la maladie pour vivre le plus longtemps possible en bonne intelligence avec elle. Certains patients sont littéralement sidérés par l'annonce du diagnostic. Ils n'ont entendu que le mot leucémie et leurs oreilles se sont fermées à toutes les explications ultérieures. Ils restent cois. D'autres, plus rares, réagissent avec véhémence, jusqu'à opposer une fin de non-recevoir à l'information qui vient de leur être donnée. D'autres multiplient sans fin les questions.

Il me faudra rassurer en ajoutant que les progrès de la recherche médicale offrent sans cesse des possibilités thérapeutiques nouvelles. Celles-ci sont de fait très prometteuses et il serait facile de minimiser l'impact de la maladie et d'inciter par là au déni. Ce ne serait pas honnête. Si la maladie a de bonnes chances de nécessiter des traitements, j'explique que dans l'état actuel des connaissances il n'y a pas de guérison à espérer, sauf si la maladie est à ce point sévère qu'on engagera une greffe de moelle osseuse. Les visages s'assombrissent alors. Il me faut écouter les questions, reprendre les explications, puis mettre fin à la consultation, car « nous nous reverrons bientôt » et la pression se fait forte en salle d'attente. La plage horaire d'un quart d'heure a été largement dépassée et des impatiences se manifestent !

Paradoxalement, l'abstention thérapeutique souvent proposée au départ de la maladie est assez mal vécue, comprise comme l'absence de traitement efficace, alors que tout simplement elle signifie que la maladie n'entraîne aucun préjudice et qu'elle n'est pas évolutive. C'est souvent difficile pour le patient de le comprendre et de l'accepter, ce d'autant qu'en dépit des avancées du plan cancer, nous ne disposons pas de dispositif spécifique de consultation d'annonce, si le patient n'est pas dirigé vers l'hospitalisation. L'énoncé du diagnostic est en soi très rapide. Expliquer qu'il n'y a pas nécessité de traitement pour le moment et que seul est souhaitable un suivi biologique et médical assez léger ne prend que quelques minutes. La brièveté de la consultation rassure certains patients, mais en inquiète d'autres qui peuvent se sentir abandonnés avec une bombe à retardement dans leur sac ou plutôt en eux. Surtout s'ils sont seuls, je prends la peine de vérifier qu'ils ont bien compris, demande s'ils ont des questions, remets un livret d'informations ou conseille le site Internet d'une association de patients[14]. Je conclus en interrogeant : « Ça va ! C'est d'accord. On se revoit dans un an ? » En fonction de leur réaction, il

14. SILLC, association de soutien et d'information à la leucémie lymphoïde chronique et à la maladie de Waldenström : http ://www.sillc-asso.org.

m'arrive d'anticiper les prochaines retrouvailles, en leur expliquant d'ailleurs qu'elles n'auront d'autre objectif que de les rassurer. À l'opposé, les traitements sont souvent accueillis avec enthousiasme et espoir, laissant dans l'ombre risques et effets secondaires, hélas fréquents.

L'itinéraire d'un patient en hématologie et en particulier dans le domaine dont je m'occupe le plus, la leucémie lymphoïde chronique, est un long parcours émaillé d'évènements : période d'observation, traitement de référence actuel ou inclusion dans un essai clinique, rémission de plus ou moins bonne qualité, rechutes, complications infectieuses ou dysimmunitaires[15], prophylaxie anti-infectieuse, reprises thérapeutiques, traitements d'entretien, nouveaux évènements génétiques par mutations acquises opérant des virages dans l'évolution et les possibilités de traitement, intensifications sous forme de greffes de cellules souches hématopoïétiques[16], nouvelles

15. Notamment des anémies hémolytiques auto-immunes ou des thrombopénies immunes, lesquelles touchent souvent assez brutalement respectivement globules rouges ou plaquettes et nécessitent un traitement approprié différent du traitement anti-leucémique classique, même si l'on cherche davantage aujourd'hui à conjuguer les bénéfices thérapeutiques.

16. Les greffes de cellules souches hématopoïétiques peuvent provenir d'un don de moelle osseuse, alors prélevée chez le donneur par aspiration dans le bassin sous anesthésie générale ou d'un don de cellules souches hématopoïétiques sanguines, recueillies par aphérèse sur prélèvement sanguin, après quelques jours de stimulation par injection sous-cutanée de facteurs de croissance granulocytaire. Les deux méthodes de recueil sont globalement équivalentes. Les cellules prélevées sont réinjectées au receveur par voie sanguine, comme dans une transfusion sanguine. Elles rejoindront rapidement la moelle osseuse du receveur grâce à des signaux biochimiques qui permettent leur migration et leur nidification (*homing*) dans la moelle

molécules à l'étude… si bien qu'il n'est pas exceptionnel qu'un patient connaisse trois, quatre… et même huit ou dix lignes thérapeutiques, c'est-à-dire des phases successives de traitement avec des intervalles libres de plusieurs années. Nous sommes devant un véritable parcours de soins, émaillé de décisions médicales à prendre et à expliquer dans un dialogue sans cesse renouvelé, en face à face et parfois à distance, par téléphone, en fonction des résultats d'examens sanguins réalisés en ville ou reçus après un certain délai pour des raisons techniques. C'est ainsi que le parcours de soins est tout sauf un chemin balisé d'avance. Excepté quelques situations d'urgence déjà évoquées, il permet souvent le temps de la réflexion, négocie les décisions thérapeutiques en fonction de l'évolution de la maladie mais aussi de l'acceptation, de l'âge, des maladies associées, du travail, des activités, des évènements familiaux…, et parfois même des voyages ! Ainsi, se développe progressivement un véritable compagnonnage entre le médecin et le patient, une relation humaine avec une dimension de réciprocité, sa part de complicité, d'attachement mutuel et même parfois d'authentique amitié.

---

osseuse. On les dit allogéniques, c'est-à-dire provenant d'un autre à l'opposé des greffes autologues (autogreffes) utilisant les cellules souches hématopoïétiques du patient lui-même. Par commodité et par habitude, les hématologistes continuent dans le langage courant à parler de greffe de moelle, même si la source des cellules souches hématopoïétiques peut être différente : sang voire sang de cordon ombilical. J'observerai cet usage à plusieurs reprises dans ce livre.

Je m'arrête un instant sur un élément très particulier dans la relation entre le médecin et la personne malade, à savoir l'information sur le pronostic de la maladie. Au début des années 2000, la communauté scientifique à laquelle j'appartiens s'est réjouie de la découverte de facteurs pronostiques résultant de l'étude génétique et moléculaire des lymphocytes malins. Celle-ci permet de distinguer des maladies aux profils évolutifs très différents et identifie des formes résistantes aux traitements classiques. Ce qui est pour nous médecins un guide précieux dans les choix thérapeutiques représente pour les patients une information tantôt rassurante, tantôt extrêmement anxiogène. Les informations très fiables dont nous disposons ne nous permettent plus de nous retrancher derrière un flou bien commode. Ce savoir sur l'avenir requiert, dès lors, un accompagnement attentif de celui qui est concerné. Il exige aussi une grande prudence, tant les vérités statistiques ne présument pas de la singularité des histoires personnelles et sont en passe d'être démenties par l'avènement de nouvelles molécules ciblées qui, fort heureusement, déjouent ces facteurs pronostiques.

IV

Transfusions et greffe de moelle osseuse

Discipline jeune, l'hématologie clinique est née avec les premières chimiothérapies contre la maladie de Hodgkin puis les leucémies de l'enfant. Elle avait émergé un peu plus tôt avec les transfusions sanguines, rendues possibles par la découverte des groupes sanguins, notamment ABO et Rhésus, les possibilités de collecte et de conservation des produits sanguins labiles, notamment des concentrés érythrocytaires (globules rouges) et plaquettaires. Plus tard, on a réussi à extraire le plasma du sang collecté et à isoler des produits dérivés du sang, lesquels connaissent des indications bien spécifiques. Les capacités transfusionnelles reposent, dans notre pays du moins, sur un formidable système de collecte basé sur le don, un réseau d'associations militantes très actives, en particulier dans notre région du Nord-Pas-de-Calais. Bien des patients aiment à rappeler qu'ils ont été donneurs de sang avant de devenir eux-mêmes bénéficiaires de transfusions. Des proches de personnes malades se mobilisent dans un élan de générosité remarquable, guère entamé par l'information sur l'anonymat du don et le fait que leur don a toute chance de bénéficier à quelqu'un d'autre que leur connaissance.

Les greffes de cellules souches hématopoïétiques, communément appelées greffes de moelle osseuse, constituent essentiellement une immunothérapie cellulaire. Les lymphocytes T du donneur ont en effet la capacité de détruire la maladie résiduelle de l'hôte, préalablement limitée par les traitements. Le receveur est rendu tolérant aux cellules du donneur par un conditionnement à base de chimiothérapie et parfois de radiothérapie. Les indications de greffe sont précises et concernent plusieurs catégories de malades atteints par une hémopathie, notamment des leucémies aiguës de mauvais pronostic. Je la propose à certains patients atteints de leucémies lymphoïdes chroniques particulièrement sévères. L'allogreffe n'est guère envisageable au-delà de 65-70 ans et si le patient souffre de comorbidités importantes, ce qui limite les indications. Si le patient concerné ne dispose pas de donneur dans sa fratrie, nous faisons appel à un donneur volontaire, HLA[17] compatible, inscrit

17. Complexe majeur d'histocompatibilité (*Human leucocyte antigen*) découvert à partir de 1958 notamment par le professeur Jean Dausset, Prix Nobel de physiologie ou médecine en 1980.

sur un registre national ou le registre d'un autre pays. Le don est alors strictement anonyme, manifestant une belle solidarité entre deux personnes qui se méconnaissent. Les dons d'organes et plus spécifiquement le don de moelle osseuse ont fait l'objet de bien des réflexions éthiques et psychologiques. Je renvoie volontiers à celle écrite par deux collègues et amis[18]. Je voudrais simplement signaler ici l'importante charge affective de telles procédures de greffe, indépendamment de leur complexité médicale qui s'accompagne, aujourd'hui encore, d'une mortalité et d'une morbidité[19] importantes.

---

18. Jacques Ascher et Jean-Pierre Jouet, *La greffe, entre biologie et psychanalyse*, PUF, 2004.
19. Notamment par réaction greffon contre l'hôte (GVH en anglais) lorsque les lymphocytes immunocompétents du donneur attaquent les tissus du receveur dans plusieurs organes : peau, tube digestif, foie, poumon…

V

La recherche clinique

Les progrès considérables des connaissances théoriques sur les cellules sanguines et les maladies du sang ont ouvert de nouvelles possibilités thérapeutiques. Aux découvertes empiriques de molécules présentes dans la nature (végétale ou animale) succède la modélisation de molécules[20] conçues pour correspondre à des cibles thérapeutiques précises qui ont fait l'objet d'un criblage virtuel. Synthétisées puis testées in vitro, les nouvelles molécules voient ensuite leurs effets étudiés chez l'animal, avant d'être administrées à l'homme dans le cadre de protocoles de recherche. Ces essais cliniques sont promus tantôt par des groupes académiques de recherche médicale universitaire, tantôt par des laboratoires pharmaceutiques. Ceux-ci jouent dans tous les cas un rôle important,

20. Le prix Nobel de chimie 2013 a été attribué à Martin Karplus, Michael Levitt et Arieh Warshel pour leurs travaux sur la modélisation moléculaire.

car ils sont le plus souvent propriétaires des molécules et en capacité de financer des études internationales qui se déroulent sur plusieurs années, sans certitude de retour sur investissement.

Je suis moi-même impliqué depuis de nombreuses années dans de telles études que je propose autant que possible aux patients dont j'ai la charge. Ceux-ci les accueillent souvent volontiers, heureux de contribuer ainsi aux avancées thérapeutiques et disposés à recevoir des médicaments prometteurs. Les patients escomptent en premier lieu un bénéfice personnel, mais ils se montrent aussi solidaires de ceux qui, comme eux, seront demain touchés par la même maladie. Les essais cliniques imposent un cadre à respecter rigoureusement. Loin de nuire à la relation entre le médecin et le patient, les règles protocolaires augmentent souvent le rythme des rencontres et permettent d'entretenir la complicité avec les patients.

J'ai eu le bonheur d'être très impliqué, à titre personnel, dans le développement de deux molécules qui ont maintenant pris leur place dans l'arsenal thérapeutique de la leucémie lymphoïde chronique et ai été associé à l'étude de bien d'autres. Cela m'a permis de collaborer étroitement avec des organismes spécialisés dans la collecte des données de recherche clinique[21] et des laboratoires phar-

21. En anglais CRO, *contract research organizations*, lesquels emploient des moniteurs d'essais cliniques.

maceutiques. J'y ai noué de véritables amitiés et voudrais souligner le rôle des professionnels de l'ombre qui y travaillent. Ils ne rencontrent pas les malades mais ont le souci de les servir, même s'ils doivent aussi donner satisfaction à leurs dirigeants et à leurs actionnaires ! Il est de bon ton aujourd'hui de décrier l'industrie pharmaceutique, pourtant maillon indispensable du système de santé et partenaire précieux des cliniciens. Mon expérience m'invite à n'être ni angélique, ni donneur de leçons à bon compte, mais exigeant dans le respect des normes éthiques et respectueux envers ceux qui ont l'audace d'investir au niveau scientifique comme au niveau financier pour que des progrès thérapeutiques soient possibles. J'apprécie l'exigence scientifique des études cliniques mais mesure aussi la pression qu'imposent l'exigence croissante des investisseurs et la dureté de la compétition internationale.

VI

Une alliance thérapeutique qui s'inscrit dans la durée

Chaque patient est accueilli tel qu'il est, dans toute son humanité, sans être réduit à sa pathologie. Le risque existe cependant que le souci d'efficacité nous détourne de cet objectif. Le malade reste un étranger dont il faut nous faire proche (Lc 10,36). La découverte mutuelle nécessite du temps, des conditions propices, un minimum d'empathie pour s'accorder au-delà de la différence de position, de l'inégalité fondamentale qui caractérise la relation soignant-soigné, entre personne en bonne santé et personne malade, entre sachant et supposé ignorant, même si la disponibilité de l'information sur Internet change peu à peu la donne.

Dans la personne malade, nous reconnaissons une humanité blessée, fragilisée, livrée à notre sollicitude. Nous répondons aux appels avec notre compétence médicale « technique » et autant que faire se peut avec notre compétence humaine, relationnelle. Une véritable alliance thérapeutique se noue, que nous allons entretenir, confirmer au fil des consultations, des hospitalisations, des liaisons téléphoniques. Cette alliance suppose une justesse dans la relation, tout à la fois le partage tout simple d'une humanité commune et la reconnaissance de statuts différenciés mais aussi l'engagement à affronter ensemble la maladie et une promesse de non-abandon. Elle se garde de tout mensonge, de toute illusion ou vaine promesse, même lorsque le malade les réclame. La vérité qu'elle exige n'est pas seulement la vérité sur la situation médicale mais une relation sans ruse ni tricherie. Les patients, même sans le laisser paraître, ont en effet une sensibilité vive, à l'affût de la moindre parole, d'une modification du regard ou des expressions du visage. La relation ainsi ébauchée suppose à la fois empathie et réserve, pour que la disponibilité offerte ne s'impose pas ou ne conduise à d'amères déceptions.

La relation déborde le classique colloque singulier. Très souvent, elle implique d'autres collègues médecins, des infirmiers et d'autres professionnels de l'hôpital et du domicile. Elle concerne aussi un conjoint, des enfants, des parents, des proches. La relation nouée avec ces derniers mérite également attention et investissement mais elle n'est pas centrale. La relation prioritaire s'instaure et s'entretient avec la personne concernée par la maladie, à qui je m'adresse et dont j'attends une parole, alors qu'il n'est pas rare qu'un proche bien intentionné s'exprime ou même réponde à sa place, et pas seulement dans le cas particulier des enfants ou des personnes en situation de handicap. Dans la relation, il importe aussi d'entendre les silences et les non-dits, d'accueillir des éléments d'histoire qui remontent à la surface, notamment des éléments douloureux dont les patients font mémoire : deuils, licenciements, accidents, maladies, divorces… qu'ils relient volontiers à la maladie.

Le malade intègre peu à peu la maladie. Il fait l'expérience de la confiance au sein de l'alliance thérapeutique qui se noue avec le médecin et l'équipe soignante. Lorsque la maladie s'aggrave, la relation se fait plus intense. Le malade éprouve sa fragilité. Il constate sa faiblesse, vit des pertes successives souvent douloureuses. Il ressent une certaine pauvreté, de la solitude. La possibilité d'une mort prochaine l'inquiète. Il est bouleversé, désarmé. Il vacille. Tout ce qui constituait les fondements de son existence est remis en cause. Tout bouillonne en lui dans un vacarme assourdissant dont il ne laissera souvent rien paraître, ni auprès du médecin ou des soignants, ni auprès de ses proches qu'il veut épargner.

Dès l'annonce du diagnostic d'une maladie potentiellement grave, le patient intègre la perspective de mort, non comme une possibilité lointaine à laquelle aucun humain n'échappe, mais comme une perspective personnelle, précise, une échéance qui s'approche. Chez beaucoup de patients chez lesquels je diagnostique une leucémie lymphoïde chronique, je peux avoir une idée assez précise du pronostic, parfois dès la première consultation d'annonce, lorsque je dispose d'examens sanguins assez anciens pour me faire une idée du potentiel évolutif, plus souvent dès la seconde consultation. Lorsque ce pronostic est favorable, c'est-à-dire lorsqu'il a peu ou pas de conséquences sur l'espérance de vie du patient, je suis en mesure d'affirmer à l'intéressé qu'il a de grandes chances de mourir d'autre chose. En guise de réponse, je reçois alors souvent un sourire à moitié rassuré et incrédule. La mort, même lointaine, reste vécue comme une menace que mon propos a ravivée. À l'opposé, chez d'autres malades, l'évolutivité de la maladie ou des facteurs pronostiques biologiques vont signer une maladie plus sévère et annoncer la nécessité de traitements souvent répétés. Certains patients bien avisés ou déjà informés par Internet vont tout de go demander si cela raccourcit leur espérance de vie. Il est difficile de les rassurer à bon compte, même s'il est de bon ton de souligner les progrès thérapeutiques actuels et prévisibles. Pour certains cette connaissance du pronostic revêt un caractère prioritaire en raison des responsabilités éducatives qu'ils portent envers leurs enfants, ou des investissements personnels ou professionnels en cours ou envisagés. Le dialogue se poursuit alors de manière plus intense.

Le patient ainsi informé, bousculé par l'annonce du diagnostic et la connaissance des éléments pronostiques, ne sort pas indemne de l'entretien avec son médecin.

Chacun réagit avec ce qu'il est, parfois violemment. Je pense à cette femme encore jeune, déjà victime d'un grave accident de la route qui lui avait laissé des séquelles assez douloureuses et qui accusait son diagnostic comme une nouvelle injustice insupportable. Elle était convaincue de présenter une forme grave de la maladie, ce que confirmeraient quelques mois plus tard les études de biologie moléculaire pratiquées sur ses cellules sanguines anormales. Son conjoint assistait, sans rien dire, à nos échanges « musclés », mais son regard bienveillant me laissait supposer qu'il serait un allié de poids dans le travail de consentement à la réalité que cette femme devait opérer. Nous nous sommes déjà revus plusieurs fois. Le traitement n'est pas encore nécessaire. Elle commence à apprivoiser la maladie, à s'adoucir, à me considérer davantage comme un allié que comme un ennemi responsable de tous ses maux. Derrière son regard incendiaire et ses propos cyniques, je perçois une rage de vivre et de profiter des bons moments que l'accident puis la maladie semblent lui refuser.

Ainsi, tôt ou tard, le patient s'en remet à la bienveillance de ses proches et des soignants. Il est en quelque sorte acculé à faire confiance. C'est ce que me partageait après des années de galère, à plusieurs reprises, un malade tout simple, avec le regard lumineux : « L'essentiel, docteur, c'est de faire confiance ! » Ce n'est que quelques années plus tard que je compris clairement que c'est à Dieu qu'il donnait sa confiance. La joie dont il témoignait en disait long sur son cheminement intérieur et la maturité acquise après bien des angoisses et des traitements successifs qui ont heureusement fini par être efficaces. Il est devenu mon fournisseur en confitures de mûres ! Il faut voir son bonheur de pouvoir ainsi m'offrir de telles douceurs, de telles délicatesses, dit-on dans les épiceries fines, même si les pots mal récurés et les sacs en plastique chiffonnés n'ont rien des atours qui appâtent d'ordinaire les gourmets ! Quel beau signal pour un homme qui connaît les aspérités de la vie et les blessures des épines que la maladie n'a pas manqué de lui réserver. Apprenant qu'il produisait entre cinquante et soixante-dix kilos de confiture par an, à partir de mûres glanées le long des haies de sa campagne, je lui demandai s'il en vendait au marché. Il me répondit de façon magnifique : « Docteur, je ne vais quand même pas les vendre. Je les donne à mes amis ! C'est un plaisir de donner. Après tout, à commencer par la vie, tout ne nous est-il pas donné ? Vous savez, je suis très croyant ! » Comme quoi, le témoignage peut passer par la confiture de mûres ! Et si elle n'est pas consignée dans les manuels de théologie pastorale, la remarque, accompagnée d'un magnifique sourire, vaut largement un traité sur la grâce ou une illustration de l'économie du don et de la gratuité que Benoît XVI appelle de ses vœux dans *Caritas in veritate*[22] ! Ce patient tout simple me livra

22. Benoît XVI : *Caritas in veritate*, 2009, n° 36 : principe de gratuité et logique du don.

une autre fois un magnifique témoignage de foi en confessant les mains ouvertes en signe d'oblation : « Vous savez, c'est Dieu que j'aime par-dessus tout ! » Et un peu à la manière de la Bible, il renforçait son affirmation par une double négation : « Il n'y a rien que j'aime autant que lui ! » C'est alors que son visage s'assombrit et qu'il me partagea sa souffrance, non pas en raison de la maladie qui récidivait, mais de l'attitude de ses enfants qui ne lui avaient guère rendu visite alors qu'il était hospitalisé. Et, il me confiait dans une grande douleur que seul le modeste héritage les intéressait. Il me livrait cette fois un magnifique traité sur le pur amour et l'intérêt, une leçon lumineuse de théologie spirituelle avec laquelle, le dimanche suivant, je pouvais lire avec un regard renouvelé l'évangile des marchands chassés du Temple (Jn 2,13-22) !

Dans une maladie chronique, l'alliance thérapeutique est émaillée de moments forts. C'est notamment le cas lorsque se profilent une décision de traitement, la proposition d'un essai clinique, l'indication d'une greffe de cellules souches hématopoïétiques. La confiance se forge à travers des étapes qui ressemblent davantage aux virages serrés des sentiers de montagne qu'aux routes bien tracées et sécurisées de nos plaines. Les ravins ne sont jamais loin. Certains peuvent se transformer en précipices malgré les recommandations de prudence et l'assistance offerte. Des complications infectieuses ou dysimmunitaires peuvent bouleverser des parcours thérapeutiques correctement balisés. Il n'est pas rare alors de basculer en quelques jours, quand ce n'est pas en quelques heures, dans une situation critique. Évoquer ces possibilités fait partie de l'éducation thérapeutique du patient, ainsi averti des risques et des enjeux de la maladie. C'est à cette condition que la confiance peut se maintenir et que des décisions délicates peuvent être prises en connaissance de cause : hospitalisation, transfert en réanimation ou à l'opposé décision de limitation des traitements et de non-envoi en réanimation, option pour les soins palliatifs.

Les possibilités offertes par ceux-ci ont bien progressé ces dernières années. J'ai moi-même été, en 1990, dans les membres fondateurs du groupe de recherche sur l'accompagnement et les soins palliatifs en hématologie[23], chargé de mission du CHRU de Lille sur cette question de 1995 à 1998, ce qui a abouti à la création d'une unité mobile de soins palliatifs. J'étais aussi initiateur avec d'autres de l'enseignement des soins palliatifs à la faculté de médecine de Lille 2. Mais il me faut constater que bien des malades quittent cette terre sans phase identifiée de soins palliatifs. En effet, la première cause de mortalité en hématologie est infectieuse, souvent brutale. De plus, nous avons souvent, encore et toujours, de nouvelles molécules à proposer dans le cadre d'essais cliniques, et non sans succès. Ainsi, la mort est souvent volée au

23. GRASPH puis GRASPHO, qui a fusionné depuis avec d'autres associations pour former en 2008 l'AFSOS, Association francophone pour les soins oncologiques de support.

malade. Elle le surprend au détour du chemin et nous avec lui. Cela souligne à mes yeux l'importance d'un accompagnement de qualité depuis l'annonce du diagnostic et tout au long du parcours de soin. Un accompagnement qui permette aux questions existentielles d'émerger à la conscience et au patient d'opérer le long travail intérieur du consentement à la maladie et à la mort. C'est la raison pour laquelle, alors que j'aurais pu me spécialiser en soins palliatifs, j'ai fait le choix de rester en hématologie clinique. J'ai fait le pari qu'une relation humaine de qualité pouvait se déployer au long d'une prise en charge de longue durée. J'ai postulé qu'un accompagnement personnalisé pouvait se conjuguer avec les exigences d'une médecine scientifique, faisant la part belle à la recherche clinique. J'ai préféré poursuivre l'exercice de la médecine dans une spécialité fascinée par les progrès, en cherchant à nourrir une relation humaine de respect et d'empathie, dans une fidélité de longue durée, plutôt que d'exercer une médecine de fin de vie, là même où tout est centré sur l'écoute et l'accompagnement de celui qui va mourir, là même où la légitimité de la dimension spirituelle des soins est plus spontanément reconnue.

En effet, ma position est celle d'un praticien hospitalier dans un centre hospitalier et universitaire (CHU). Elle n'est pas celle d'un aumônier, plus explicitement dévolu à l'accompagnement spirituel des malades. Bien peu de malades partagent une démarche de foi avec le médecin que je suis, même si nombreux sont ceux qui savent que je suis prêtre. Beaucoup restent extrêmement discrets sur leur cheminement intérieur. Néanmoins, par quelques propos ou de rares signes, certains témoignent du parcours peu banal qui est le leur. La maladie a bouleversé leur vie, les a décapés, acculés à l'essentiel. Elle les a obligés à redéfinir leurs priorités et leur échelle de valeurs. Le parcours ouvert par la maladie a provoqué un questionnement existentiel majeur. Nous aurons l'occasion d'y revenir.

L'expérience humaine et professionnelle que j'ai accumulée est dense, trop concentrée parfois, tant l'exercice médical à temps partiel est astreignant. Il oblige à une course perpétuelle contre le temps entre le rythme soutenu des consultations et de la rédaction des comptes rendus, les urgences vitales, les impératifs qui régissent les transfusions, les contraintes hôtelières de l'hospitalisation, les exigences réglementaires des essais cliniques et la gestion des courriels de plus en plus nombreux qui les accompagnent. Les périodes de face à face avec les personnes malades et leurs proches ne représentent plus qu'une part limitée du temps passé à l'hôpital. Il serait facile de se laisser submerger par les vagues incessantes de fax et de courriers qui amènent autant de résultats de prises de sang qu'elles ne déclenchent de décisions : feux verts de chimiothérapie, feux orange de nécessités transfusionnelles, feux rouges d'appels téléphoniques et d'hospitalisations sans délai. Fort heureusement, si j'ai en charge à titre personnel une patientèle nombreuse de personnes atteintes de leucémies chroniques, je peux m'appuyer sur la compétence et la disponibilité de toute une équipe, prompte à faire face aux urgences et à suppléer mes indisponibilités.

Le cadre de travail ainsi campé ne dit rien des milliers de visages croisés dans les couloirs et les salles d'attente. L'hôpital bruit de mille activités. Les patients, comme les professionnels de santé, circulent au milieu des brancards des ambulanciers, des charriots de soins ou de ménage, des aspirateurs et des coursiers. Les sonnettes stridentes des appels et les bips des automates de perfusions complètent l'ambiance agitée. Il est fréquent que l'annonce d'un diagnostic ou les explications concernant un traitement soient hélas interrompues par un appel téléphonique. L'intimité du cabinet de consultation ou de la chambre d'hospitalisation est toute relative, et pourtant, c'est là que s'échangent les propos qui engagent la personne malade, que se formulent des projets de soin, que se prennent les décisions ou se recueillent les consentements aux essais cliniques. Le colloque singulier reste le temps privilégié de la pratique médicale. Les patients sont souvent accompagnés de leurs proches : conjoint, enfants, plus rarement parents. La qualité de la relation progresse heureusement avec la multiplication des rencontres, parfois très fréquentes, lorsque le patient entre dans une phase de traitement ou nécessite d'être hospitalisé en raison d'une complication intercurrente. Il m'incombe d'être bien présent à celui qui me consulte et me donne sa confiance, d'être attentif à ses paroles, mais aussi à ses attitudes, à ses silences, tout comme aux propos et aux commentaires des proches, parfois plus diserts que les patients.

Le quotidien hospitalier comporte son lot de routine et de situations répétitives. Il pourrait se résumer en procédures et bonnes pratiques de qualité et passer à côté de l'essentiel, un essentiel qui tient à l'épaisseur de l'expérience humaine, à la dimension existentielle de ce qui est vécu. De cette dimension, je suis bien davantage que témoin. Je lui suis intimement mêlé, au travers des annonces de diagnostic et de l'exposé des orientations thérapeutiques, des informations sur l'évolution de la maladie et la réponse aux traitements, des propositions d'essais cliniques et plus rarement de la perspective de greffe de moelle osseuse. Derrière les aspects techniques de ces différentes phases, c'est la vie de la personne malade qui est en cause, son état physique, sa capacité à travailler ou à maintenir une vie sociale, le risque de complications parfois létales. Les personnes concernées se forgent une représentation de la maladie souvent bousculée par des évènements intercurrents d'ordre médical ou familial. Elles oscillent entre crainte et espoir et cherchent à être rassurées. Elles glanent des informations auprès d'autres patients en salle d'attente ou sur les sites et forums ouverts sur Internet.

C'est dans la complexité de cette expérience de la

maladie qu'affleurent les questions de sens. Je pourrais, comme beaucoup, ne pas leur prêter attention, estimer qu'il ne s'agit ni plus ni moins que d'états d'âme sans grande importance. Je pourrais proposer l'aide d'un psychologue, si ces tracas me paraissent trop lourds à porter pour les patients, au risque de me dédouaner à bon compte. Par respect pour les patients, et pour honorer la confiance qu'ils me donnent, je choisis autant que possible d'être à l'écoute de ces questions existentielles. Je tenterai ici de m'en faire l'écho, de relever ce qu'elles signifient de notre vision de l'homme avant de mettre en valeur leur dimension spirituelle.

Il est difficile de définir précisément ce qui relève du psychologique et du spirituel. Certains s'y sont employés avec compétence[24]. Je ne m'appliquerai pas à distinguer nettement l'un de l'autre, convaincu que ces domaines sont en partie superposés et pour le moins en interaction, comme ils le sont avec les dimensions physiques et sociales de notre humanité. Je me garderai d'abuser du mot grandiloquent de conception holistique de l'homme, mais m'efforcerai d'accueillir chacun avec tout ce qui fait sa vie, trop conscient que l'homme ne se résume pas à sa biologie, même s'il serait facile pour un hématologiste de traiter les gens en fonction de leurs résultats sanguins !

---

24. Dominique SALIN, « Du spirituel et du psychologique », *Études*, février 2013, t. 418, n° 2.

L'approche que je propose est résolument marquée par la foi chrétienne qui m'habite, tout en entourant de respect et d'estime d'autres approches religieuses ou philosophiques. Elle résulte d'un travail de relecture et de prière pour discerner la présence de Dieu dans des réalités précises de souffrance et de soins. Elle va au-delà des préoccupations immédiates, des tâches qui m'accaparent, des rythmes trop soutenus et des contraintes qui s'imposent de toutes parts : contraintes administratives et financières, contraintes informatiques et procédures diverses. Elle dépasse la perception commune d'un monde hospitalier désenchanté, laïcisé, réputé étranger aux questions spirituelles. Elle ne se départit pas, cependant, de l'impératif scientifique de partir de l'observation de la réalité. Elle veut répondre, tout simplement, à l'exigence de ne pas en rester à la surface des choses.

II

Questions existentielles

L'homme ne se réduit pas à sa biologie, il est aussi un corps, un être relationnel, affectif, social, situé dans une famille, une culture... Sa psychologie complexe garde des traces de son histoire singulière. La médecine l'oublie parfois. Elle se laisse griser par les approches techniques et biologiques, qui permettent d'esquiver la rencontre personnelle et tout ce qu'elle implique comme investissement onéreux ! Le risque est réel. Il est facile de le dénoncer, mais il faut aussi mesurer la disponibilité immanquablement limitée du médecin ou du soignant, sa capacité à engager une relation qui dépasse la simple prestation technique. L'investissement dans la relation n'est pas toujours possible. Je le signifie souvent de façon à me dérober en plaisantant à ceux qui me sollicitent comme médecin dans la vie quotidienne pour leurs petits bobos ou leurs inquiétudes : « Vous savez, je suis hématologue. Je ne m'occupe que de globules ! »

L'approche scientifique requiert compétence et esprit d'analyse. Elle doit se doubler d'une capacité à l'écoute et à l'accompagnement qui témoigne par la qualité d'une présence gratuite du respect de la personne humaine dans toutes ses dimensions, une personne unique, irréductible à toute catégorisation. La rencontre de l'autre conduit à l'infini respect du mystère de chacun, un être sur lequel je ne peux mettre la main, que je ne maîtriserai jamais au risque de trahir ce qu'il a de plus grand en lui.

La maladie ne permet pas de rester à la surface de soi. Elle occasionne un véritable tremblement de terre qui accule à retrouver sens et cohérence à l'existence. Elle oblige à une réorganisation complète de l'être. La peur de la mort voisine avec la fascination d'un rendez-vous avec l'essentiel. La vanité de la consommation, celle du paraître, apparaissent en plein jour comme les limites de l'action. La présence, l'écoute, l'accompagnement peuvent faciliter le travail intérieur, l'autoriser, alors qu'on pourrait en rester dans les mesures à entreprendre, les moyens à déployer pour « s'en sortir » ou les occupations pour se divertir. La personne malade peut alors relire des évènements marquants de sa vie, se remémorer des éléments de son histoire. L'aide psychologique lui permet parfois de dénouer des épisodes douloureux, de mettre au jour certaines blessures et d'envisager comment les soulager. Ce travail de relecture et de réconciliation avec soi et avec les autres peut aussi être la découverte de la fidélité de Dieu, une disposition à l'accueillir dans sa vie. L'acceptation de la finitude ne peut se faire qu'avec beaucoup d'humilité. Le présent s'offre dans sa fragilité alors même que les velléités de puissance et de maîtrise se brisent devant le mur de la mort. Paradoxalement, la souffrance peut alors laisser place à la beauté d'une opération-vérité qui apaise et ouvre un avenir.

Au gré des rencontres, des questions et des confidences, les soignants en contact avec les personnes malades sont touchés par ceux qu'ils rencontrent. Ils sont témoins du travail intérieur qui s'opère chez elles, au risque d'être eux-mêmes affectés. « On pourra penser à la souffrance vécue par les professionnels du soin mais également à cette part d'altérité présente en chacun de nous et qui, dans la rencontre de l'autre souffrant, nous ouvre ainsi à des dimensions rarement soupçonnées de ce que nous sommes. [...] L'expérience de la souffrance et de la rencontre de celui, celle qui souffre constitue un lieu privilégié pour appréhender ce qui s'y dit de l'humain[25]. »

---

25. Dominique Jacquemin, *Quand l'autre souffre. Éthique et spiritualité*, Bruxelles, Lessius, 2010, coll. « Donner raison », p. 9-10.

I

Un long travail intérieur

RECONNAÎTRE SA FRAGILITÉ

La confrontation à la maladie rappelle l'homme à sa condition mortelle. La reconnaissance de cette fragilité fondamentale n'est pas aisée. Elle l'est d'autant moins que s'accroissent les possibilités offertes par la médecine. L'hypermédiatisation de certaines prouesses techniques est parfois à la limite de la malhonnêteté. Elle entretient des illusions comme celle de maîtriser toute douleur. Elle alimente des exigences considérables à l'égard de la médecine et confère à la permanence de la souffrance et de la maladie un caractère insupportable. Plus que jamais, celles-ci sont perçues comme scandaleuses, inacceptables. D'autres se mettent à braver les limites, à rêver d'homme augmenté, immortel ou tout au moins pouvant vivre mille ans[26] à renfort de thérapies géniques et cellulaires ! Le transhumanisme s'appuie sur la convergence des nanotechnologies, des biotechnologies, de l'informatique et des sciences cognitives (NBIC) et suscite nombre d'hypothèses extravagantes, et autant d'interrogations éthiques[27]. À vrai dire, j'ai rencontré davantage de prophètes de l'homme augmenté dans les colloques universitaires que dans les hôpitaux ! Cependant, les mentalités fascinées par ce qui pourrait ne plus être tout à fait de la science-fiction supportent de plus en plus mal les limites et les échecs de la médecine. Comment peut-on au XXIe siècle échouer encore lamentablement dans les traitements de ces fichues maladies ! Beaucoup le pensent. Certains le disent tout haut.

La personne qui vient d'apprendre la maladie qui l'affecte tente de l'écarter comme une intruse. Elle peut refuser d'accepter la réalité. Elle peut chercher à la dénier, ou à la minimiser, ce d'autant plus facilement que la maladie est asymptomatique. Ces mécanismes de résistance psychologique sont bien connus et ont été décrits dans leurs différentes phases, pas toujours identiques dans leur chronologie[28]. La mauvaise nouvelle du diagnostic a fait irruption dans sa vie. La maladie la menace dans son intégrité, la fait vaciller sur ses bases,

---

26. Laurent ALEXANDRE, *www.youtube.com/watch?v=KGD-7M7iYzs*
27. Pierre GIORGINI, *La transition fulgurante*, Montrouge, Bayard, 2014, p. 31.
28. Élisabeth KÜBLER-ROSS : déni, colère, marchandage, dépression, acceptation. *Les derniers instants de la vie* (*On Death and Dying*, 1969), Genève, Labor et Fides, 1975.

ouvre soudain à la perspective de la souffrance et de la mort. Comment intégrer ce qui s'impose à la conscience ? Simplement en « encaissant » l'information sans mot dire ? Comme beaucoup de patients, notamment les plus simples sur le plan intellectuel, les plus modestes sur le plan social. Ils n'ont guère l'habitude ou les moyens d'analyser, d'argumenter, de réclamer… alors ils semblent accepter la mauvaise nouvelle sans coup férir, comme ce patient d'à peine cinquante ans, chauffeur routier, revenu vivre chez sa mère après une séparation conjugale et qui, comme seule question après l'annonce du diagnostic, me demandait, tel un gamin, s'il devait en parler à ses proches !

L'OBSTINATION À TROUVER UNE CAUSE

À l'annonce du diagnostic, le patient peut mobiliser toute son énergie à rechercher une cause. Il sera tenté de faire le lien entre la maladie et tel ou tel évènement douloureux. Il cherche à comprendre. Il peut ressaisir sa vie comme une histoire, un enchaînement marqué par des évènements heureux et malheureux au risque de culpabiliser ou de rester bloqué sur une blessure restée vive. L'accompagnement psychologique peut alors être d'un grand bénéfice.

Dans l'Évangile selon saint Jean, Jésus refuse les explications faciles contre la maladie, trop vite rapportée au péché : « Rabbi, qui a péché, pour qu'il soit né aveugle ? » lui demandent ses disciples. « Ni lui, ni ses parents n'ont péché. Mais c'était pour que les œuvres de Dieu se manifestent en lui. » (Jn 9,2-3.) Et Jésus le guérit. Je pense souvent à ce passage lorsque j'ai face à moi des patients ou des familles qui attribuent la maladie à un évènement douloureux contre lequel ils ne peuvent rien : un accident, un divorce, un licenciement, par exemple. Je sais qu'un certain nombre de thérapeutes plus ou moins bien intentionnés font leurs choux gras de telles explications par trop culpabilisantes. Ils alimentent la croyance populaire selon laquelle il faut être en forme pour guérir, éliminer les pensées négatives, positiver à tout prix. Je ne cesse de l'entendre : « La moitié de la guérison est dans le moral ! » Est-ce si vrai ? La médecine parviendra peut-être à relier telle ou telle mutation génétique à ces évènements, à expliquer une inflexion dans l'évolution de la maladie par l'humeur ! C'est possible. Permettez-moi d'en douter, en tout cas dans un lien de cause à effet aussi direct. À ces affirmations hasardeuses, je préfère l'ouverture proposée par Jésus. L'important ne réside pas dans la recherche des causes, dans les explications, si tant est qu'il y en ait, mais dans les perspectives qui s'ouvrent en termes de traitements médicaux et d'accompagnement pour continuer à vivre et à intégrer la maladie dans une histoire toujours singulière.

À propos de causes attribuées aux maladies, je m'autorise, pour mettre un peu d'humour, à rapporter une conversation qui m'a conduit à un véritable fou rire avec un patient. Il s'agissait d'un petit paysan âgé, originaire du Boulonnais, que je soignais déjà depuis quelques années. Dans son patois, il m'exposait tout à coup l'hypothèse selon laquelle sa leucémie et le cancer de la thyroïde de sa femme étaient dus à « l'iaue qui coulaye del porquerie sul' route dinch'bas ! Faut dire, ajoutait-il, qu'elle étot ben rouch et que l'vétérinaire del DDASS[29] qu'étot passay, y'avo d'mandaye qu'on vende l'vac, not pauv vac, ce qu'nous aut on a pas fay, ben seure[30] ! » Comme quoi toutes les explications sont bonnes et qu'une consultation d'hématologie, ce n'est pas triste !

Les personnes malades et leur entourage aiment comprendre, trouver une cause, identifier un évènement responsable, un comportement coupable. Elles ne s'en ouvrent pas très facilement au médecin spécialiste, et pourtant l'expression de ces hypothèses et de ces fantasmes est souhaitable pour qu'ils soient relativisés, mis en perspective. L'écoute bienveillante, l'accompagnement permettent de libérer des angoisses, de déculpabiliser, d'aider à accepter l'inexplicable, de façon à ouvrir à l'avenir et éveiller l'espérance.

UN COMBAT

L'interrogation sur les causes se double en effet souvent d'un combat intérieur. Je ne parle pas ici du nécessaire

29. Direction départementale des affaires sanitaires et sociales.

30. « L'eau qui coulait de la porcherie sur la route, en contrebas, faut dire qu'elle était bien rouge et que le vétérinaire de la DDASS qui était passé avait demandé qu'on vende la vache, notre pauvre vache, ce qu'on n'avait pas fait, bien sûr ! »

combat contre la maladie pour lequel le patient va consulter le médecin, mais le combat que lui seul peut livrer contre le mal qui le menace dans son existence même. Contre qui va-t-il se battre ? Avec quel ennemi étrange, invisible, qui le ronge de l'intérieur, a fortiori si cet ennemi est dans le sang, c'est-à-dire partout, ou dans la moelle, au plus intime de lui-même ? Qui est cet ennemi ? Une invention des médecins ? C'est souvent ce que pensent de jeunes enfants atteints de leucémies, plus malades des traitements qu'on leur inflige depuis leur arrivée à l'hôpital que de la maladie qui les y a conduits. Qui est cet ennemi non identifié, sans cause extérieure ? La question est redoutable, ce d'autant qu'on lui a bien expliqué que le cancer, la leucémie, ce sont ses propres cellules déréglées, devenues folles. Comment est-ce possible alors qu'il a toujours mené une vie saine, n'a pas fumé, pas bu ou si peu ! Que peut-il faire pour l'éliminer ? Y a-t-il un régime alimentaire recommandé ? Autant de questions qui ne trouvent guère de réponses sinon un vide angoissant ! Alors contre qui poursuivre le combat ? Sinon contre cet ennemi intérieur avec lequel il faudra bien se débattre et peut-être faire alliance pour passer le torrent et continuer la route, à l'image de ce combat nocturne de Jacob au gué du Yabboq (Gn 32,23-33). Le patriarche se débat avec un mystérieux adversaire qui ne dit pas son nom mais qui le bénit au petit matin. Le combat cesse sans vainqueur ni vaincu, ce qui vaut à

Jacob de s'appeler désormais Israël[31], « car tu as été fort contre Dieu et les hommes », et de garder une blessure à la hanche, cause de boiterie et explication d'un interdit alimentaire ! L'histoire se termine gentiment mais le combat est suffisamment fondateur pour désigner une nation et un lieu, Penouël, c'est-à-dire « j'ai vu Dieu face à face et j'ai eu la vie sauve » !

L'accompagnement de qualité, l'écoute, la bienveillance, le soin avec ce qu'il comporte de douceur et de disponibilité gratuite, peuvent favoriser un travail d'acceptation de la maladie. Ils peuvent aider à briser le cercle vicieux de la révolte, du ressentiment, de l'enfermement sur soi pour ouvrir à la relation, à l'accueil de l'autre, à la bonté, au sourire. La vulnérabilité assumée dispose à accueillir la sollicitude de l'autre. La vie est plus légère lorsqu'elle est portée ensemble. La relation de confiance crée un espace de jeu qui libère de l'enfermement, comme l'illustre mon histoire de fou rire avec le paysan boulonnais. La maladie dénude, comme le désert du carême, lieu de tentation et rendez-vous que Dieu nous offre, souvent au travers des frères, soignants ou visiteurs. S'opère alors un long et difficile travail pour consentir à la fragilité, un véritable travail intérieur, une nouvelle condition à habiter, une histoire qui continue et s'ouvre, non pas à un futur tracé d'avance, mais à un à-venir de tous les possibles.

31. « Que Dieu se montre fort », TOB, Cerf, 1989, ou « Dieu lutte » selon la nouvelle traduction liturgique de la Bible, AELF, Mame, 2013.

LE CONSENTEMENT À L'HUMILITÉ

« L'humilité, voilà ce que j'ai appris avec vous et je voudrais vous en remercier », me disait un patient au moment où il quittait définitivement la région. Alors que je lui disais ne pas me souvenir lui en avoir parlé, il me partageait son cheminement intérieur, lui qui m'avait été présenté comme odieux par les infirmières de la salle où il était hospitalisé, alors que je lui rendais visite pour la première fois ! Il avait, à vrai dire, quelque raison d'être inquiet, ce grand gaillard de 47 ans qui avait déjà subi des traitements lourds quelques années auparavant dans une autre ville, à savoir chimiothérapie et autogreffe. Il se découvrait en rechute, alors même qu'il venait de déménager et d'assumer la direction d'un établissement d'hébergement pour personnes âgées dépendantes (EHPAD). Son comportement insupportable n'était que la traduction d'un désarroi intérieur que j'ai aggravé en lui apprenant que sa maladie présentait non seulement un gène de résistance aux chimiothérapies mais se conjuguait à un phénomène auto-immun détruisant ses plaquettes et le menaçant très sérieusement d'hémorragies. Nous avons pu très vite mettre cartes sur table et envisager la seule stratégie possible pour le sortir de cette situation, l'utilisation d'un anticorps monoclonal[32] très immunosup-

32. Il s'agit d'un anticorps dirigé contre des antigènes de surface, signatures plus ou moins spécifiques de certaines cellules, en l'occurrence de tous les lymphocytes d'où les caractéristiques immunosuppressives qui induisent une sorte de SIDA chimique transitoire.

presseur puis, en cas de succès, une greffe de cellules souches hématopoïétiques, laquelle ne fut possible chez lui qu'avec du sang de cordon ombilical, faute de donneur HLA identique dans la famille ou sur le fichier de donneurs volontaires. Depuis six ans, alors qu'il est guéri de sa leucémie, nous correspondons régulièrement par messagerie électronique. Une véritable amitié s'est forgée, libérée du suivi médical assuré par des collègues d'un autre CHU qui m'envoient régulièrement les comptes rendus des consultations de contrôle. Ce parcours peu banal est celui d'une véritable renaissance, à la fois biologique et spirituelle, comme il n'est pas exceptionnel d'en observer chez des patients qui ont bénéficié d'une greffe.

ACCUEILLIR LA VIE COMME UN DON

Cette attitude d'humilité est foncièrement la position de celui qui renonce à toute prétention et accueille la vie comme un don. J'ai longtemps été révolté à la lecture de cette phrase du livre de Job que le bréviaire propose à notre méditation le mercredi de la troisième semaine de l'office du matin : « Nu, je suis sorti du ventre de ma mère, nu j'y retournerai. Le Seigneur a donné, le Seigneur a repris. Que le nom du Seigneur soit béni ! Si nous accueillons le bonheur comme venant de Dieu. Comment ne pas accueillir de même le malheur ? » (Jb 1,21 ; 2,10.) J'avais retenu, rassuré, l'analyse du cours d'exégèse du séminaire, expliquant que cette position « politiquement correcte » du début et de la fin du livre de Job avait permis de préserver le cœur du message du livre, à savoir le scandale de la souffrance de l'innocent. Je découvre maintenant que c'est bougrement plus compliqué et que l'acceptation peut aussi résulter d'un cheminement spirituel éminemment respectable. Je l'observe chez bien des patients. Il serait facile, notamment face à des patients musulmans qui s'en remettent volontiers à la volonté de Dieu ou au destin (*mektoub*), de protester contre une allégeance considérée comme insupportable et de dénoncer le fatalisme. Et pourtant, leur humilité confiante force l'admiration et sonne juste, si on accepte de l'entendre et de l'accueillir. À y bien réfléchir, elle me paraît plus juste que les velléités bien vaines de revendiquer un droit de vivre. J'en ai été témoin à plusieurs reprises. Je pense notamment à cette femme musulmane, mère de famille nombreuse, qui, telle une piéta, veillait son fils qui se mourait à l'âge du Christ en croix, et affirmait sereinement « Dieu est le seul qui sait et qui dispose », position que son fils approuvait d'un signal de la tête. Il s'en était ouvert à moi quelques jours auparavant, écartant toute révolte, dans un parcours pourtant bien éprouvant. En effet, en quelques semaines, il était passé de la perspective d'une greffe de moelle à visée curative, à celle d'un nouvel agent thérapeutique prometteur qui lui restait hélas inaccessible, pour s'abîmer dans une transformation de la maladie sur un mode agressif[33], résistant aux différentes chimiothérapies.

La maladie limite les capacités physiques, oblige souvent à l'interruption provisoire ou définitive de la vie professionnelle, limite la vie sociale, entraîne une fatigue éprouvante. Bref la maladie dépouille. Elle dénude au sens premier comme au sens figuré. La personne malade est bouleversée dans son identité familiale et sociale. Passé l'élan initial de l'émotion et des manifestations d'amitié, elle éprouve la solitude et l'appauvrissement des relations. Paradoxalement, elle est acculée à l'essentiel, ce qui faisait dire à un de « mes » patients, bien rétabli après un long parcours éprouvant, heureusement conclu par une greffe de cellules souches hématopoïétiques : « Oui, docteur, je vais bien ! Le seul problème, c'est que les gens autour de moi, je les trouve de plus en plus cons ! » J'ai pris le temps de lui demander de me préciser ce qu'il voulait dire, même si par un clin d'œil j'avais signifié la réception du message et, d'une certaine façon, approuvé le jugement sévère. Par cette expression populaire, il critiquait en effet la superficialité et le matérialisme ambiant, alors qu'il mesurait, plus que jamais, combien la vie était un bien précieux, un don que lui, greffé, pouvait apprécier à sa juste valeur. Sollicité par une association pour donner son témoignage à des lycéens pour les inciter au

33. Il s'agit du syndrome de Richter, qui complique environ 5 % des leucémies lymphoïdes chroniques et autres lymphomes de bas grade de malignité en lymphomes à grandes cellules, très prolifératifs et souvent mortels à brève échéance.

don du sang et de moelle osseuse, ce patient, maintenant guéri, se fait un devoir d'alerter les consciences et d'inviter à la réflexion, bien au-delà de l'incitation à la générosité.

LA FORCE DE LA SIMPLICITÉ

Bien des malades ne vivent pas une évolution aussi marquante. Le combat intérieur qu'ils livrent n'émerge pas. Il est plus diffus ou peut-être absent. Certains m'étonnent par leur humeur égale, la relative indifférence avec laquelle ils apprennent les évolutions, accueillent les perspectives thérapeutiques, questionnent peu. Ont-ils dépassé le stade du combat ? Ont-ils rendu les armes ? Ou leur simplicité est-elle si grande qu'ils ne sont jamais entrés dans une telle bagarre, estimant ne pas en avoir les moyens ? Peut-être ? J'avoue en douter. Mais il se peut que devant le combat inégal, ils aient renoncé depuis longtemps. Ils vivent la maladie au jour le jour et accueillent la vie comme elle vient. Ils font preuve d'une grande capacité de résistance. Ils ne se présentent pas comme des ayants droit. Ils ont renoncé à toute velléité de maîtrise, à tout calcul de pronostic, dans une grande disponibilité au présent, tel ce patient encore jeune, passionné de motos Harley-Davidson, qui, même à l'article de la mort, témoignait d'une grande sérénité, à peine mêlée du secret espoir d'un retournement de situation. Il avait bien compris être accueilli dans une unité de soins palliatifs, lui qui souffrait d'une méningite carcinomateuse liée au mélanome dont il avait été opéré quelques années après le début de sa leucémie. Il n'était pas croyant mais son attitude m'évoquait ce passage de l'Évangile où Jésus invite à contempler les lis des champs ou les oiseaux du ciel, dans une confiance absolue, sans s'inquiéter du lendemain. « Cherchez d'abord le royaume et la justice de Dieu et tout cela vous sera donné par surcroît » (Mt 6,33)[34].

Ce « par surcroît » qu'on traduit parfois « par-dessus le marché » signifie la gratuité du don de la vie, le fait de se situer au-delà de tout calcul, de toute prétention à prolonger tant soit peu son existence, comme l'illustre de manière caricaturale la parabole du riche insensé « qui amasse pour lui-même, au lieu d'être riche en vue de Dieu » (Lc 12,21). Ces personnes malades ne sont-elles pas, en effet, dans l'attitude de pauvreté de cœur qui apaise toute revendication et dispose à accueillir le royaume comme l'énonce la première des béatitudes ? « Heureux les pauvres de cœur, car le royaume des cieux est à eux ! » (Mt 5,3.) Ne nous répètent-elles pas « à chaque jour suffit sa peine » (Mt 6,34) ou plutôt « un jour à la fois », formule toute faite, sans doute, mais qui révèle la modestie de ces fantassins de l'espérance, qui savent le poids du jour et n'ont d'autre ambition que d'avancer un pas après l'autre sans trébucher. N'illustrent-ils pas cette

34. On trouvera en annexe 2 le texte que j'ai envoyé à la demande de sa famille, pour qu'il soit lu avec le passage d'Évangile correspondant lors des funérailles civiles, conformément à sa volonté.

autre affirmation de Jésus dans ce passage de l'Évangile selon saint Matthieu : « Qui d'entre vous, en se faisant du souci, peut ajouter une coudée à la longueur de sa vie ? » (Mt 6,27.) Nous pouvons nous émerveiller de leur sagesse et, comme en écho, prier avec le Christ dans le Notre Père, la prière des pauvres, des mendiants de Dieu, de ceux qui ne peuvent ou ne veulent thésauriser pour garantir leur avenir : « Donne-nous notre pain de ce jour ! » (Mt 6,11.)

LA TENDRESSE N'EST PAS SI LOIN

Quant à ceux, plus rares, qui semblent dénier la maladie, même après des années, sont-ils vraiment les plus rétifs à ce labeur intérieur ? Ce gros dur, entrepreneur de travaux publics qui roule des mécaniques en affirmant haut et fort : « Je vais très bien, monsieur, ne vous inquiétez pas pour moi ! », est-il aussi solide qu'il l'affiche ? Que cachent ces rendez-vous remis ? Et ce départ intempestif car l'attente avant la consultation s'était quelque peu prolongée ? Assurément une grande angoisse et la crainte de s'avouer en situation de faiblesse. Pas facile pour un travailleur indépendant tributaire de contrats aléatoires ! Le gaillard n'est pas facile à dompter, mais le labeur intérieur s'opère. La tendresse n'est pas si loin ! Elle affleure même de plus en plus, au travers du bouclier qu'il oppose à la maladie qui l'assaille. En tout cas je m'emploie à l'éveiller en lui sans l'exaspérer. Et voilà que la brute devient philosophe, me livre des maximes de sagesse populaire, plutôt bien à propos. Il a fallu du temps pour parvenir à une relation apaisée, mais je n'ai jamais douté de son cœur d'or. Ne sommes-nous pas constitués de la même pâte humaine et solidaires dans l'adversité ? Je lui ai maintes fois signifié ma disponibilité par quelque message téléphonique et des contacts avec son médecin traitant. La relation est renouée, bien nécessaire sur le plan médical en raison d'une forte diminution de l'immunité et des possibles complications infectieuses, mais souhaitable aussi sur le plan psychologique, pour que nous poursuivions ensemble le combat contre la maladie et qu'il apprivoise la fragilité. Nous avons même réussi à engager un nouveau traitement dans le cadre d'un essai clinique, et tout se passe pour le mieux ! Ce n'était pourtant pas gagné au vu de son comportement ces dernières années, au point que j'ai parfois redouté le pire. Comme quoi le cynisme violent et désabusé peut laisser place à la douceur et à la tendresse !

Il m'arrive en effet de craindre chez certains patients des réactions désespérées et l'émergence de la volonté de mettre fin à leurs jours. Je n'ai guère connu qu'un seul passage à l'acte que rien ne laissait présager chez un patient, suivi dans le service depuis vingt ans, guéri de sa maladie hématologique depuis plusieurs années après une greffe de moelle osseuse, exaspéré par des problèmes de santé à répétition qui l'obligeaient à l'épuration extra-rénale par dialyse et limitaient ses habitudes de fort investissement physique. Comme souvent dans les suicides, il est difficile de décrypter les mécanismes psychiques qui conduisent à une telle décision. J'ai interprété cet acte comme le fruit de la lassitude et l'impossibilité de s'accepter diminué, mais l'explication est certainement trop courte.

Certains patients restent paralysés par l'angoisse au point de perdre toute capacité à comprendre les informations ou les explications. Certains refusent de pratiquer des examens complémentaires rendus souhaitables par tel ou tel symptôme intercurrent ou traînent à les réaliser. Beaucoup restent très peu loquaces sur eux-mêmes mais s'inquiètent pour leurs proches, surtout quand ils ont la responsabilité d'enfants encore jeunes ou la charge d'un conjoint ou d'un parent âgé. Ce souci des autres ne traduit-il pas le détachement qu'ils ont progressivement opéré quant au souci d'eux-mêmes ? Olivier Abel le décrit remarquablement bien : « Consentir à laisser place à un autre soi que je ne sais pas, à d'autres que soi, à s'effacer devant les autres, dans cette insouciance de prise de soi qui serait une forme essentielle de la gaieté, dans une sobre fraternité où l'espérance se recueille[35]. »

D'autres cherchent à positiver à tout prix, à montrer qu'ils dominent la situation. Ils prennent les choses en main, multiplient les petits moyens qui, de leur point de

35. Olivier ABEL, Préface à l'ouvrage posthume de Paul RICŒUR, *Vivant jusqu'à la mort*, Paris, Seuil, 2005.

vue, contribueront à n'en pas douter à leur guérison : homéopathie, gelée royale… L'aspect volontariste de leur discours cache mal l'inquiétude qui est la leur. Comment cependant ne pas respecter leur volonté de contribuer à leur traitement, et les encourager sans céder à l'illusion ? En espérant toutefois que, si la maladie s'aggrave, ils ne resteront pas dans cette attitude de combat qui ne les autorise guère à faire la vérité et à s'abandonner sereinement à la fin qui approche.

Le travail intérieur peut à ce point paraître onéreux que certains le laissent de côté ou préfèrent se dispenser d'en parler, telle cette femme en troisième reprise évolutive qui a de mauvais souvenirs du traitement précédent et désire avant tout goûter à la tranquillité d'une maison nouvellement acquise pour sa retraite. Je sais combien un grave accident puis le chômage et la dépendance aux drogues de son fils pèsent plus lourd pour elle que sa propre maladie, qui, fort heureusement, peut attendre pour être traitée.

UNE SOUFFRANCE INCONSOLABLE

Plus rarement, certains patients sont littéralement accablés par la souffrance et laissent éclater des sanglots, lors de nos rencontres, tel cet homme de 72 ans traité à plusieurs reprises depuis vingt ans, épuisé par tant de luttes. Je le savais sportif. Il me faisait régulièrement état de ses performances physiques. Les footings se sont progressivement réduits à des marches en forêt dont le périmètre s'est petit à petit restreint, pour se limiter au pâté de maisons, puis au seuil de celle-ci, jusqu'à ce que les sorties deviennent impossibles. Il faisait mon admiration par son courage et sa ténacité. Il s'excusait maladroitement de son chagrin intense, inconsolable, pur, comme celui d'un enfant à l'aube de sa vie. Devrais-je considérer qu'il n'avait pas achevé son travail intérieur à l'heure de quitter cette terre ? Je serais bien mal avisé de le penser. Peut-être avait-il encore tout simplement un bel appétit de vivre que la maladie n'avait pas entamé. À tort ou à raison, j'ai pris la peine, à plusieurs reprises, de m'assurer qu'il avait bien compris que la fin approchait. J'ai même souhaité le recevoir avec son épouse que je n'avais que très rarement rencontrée. Il a été emporté quelques jours plus tard par la maladie, discrètement, chez lui, sans déranger, emportant avec lui son secret. La première surprise fut sa conjointe, qui, malgré notre entretien récent, pourtant explicite, n'avait pas réalisé la gravité de la situation.

AU-DELÀ DE TOUT PROJET

Consentir à la fragilité n'est jamais facile, surtout si on exerce des responsabilités, que l'on a eu l'habitude de diriger, de commander, de faire des projets et de les mener à bien. Voilà qu'il faut désormais accepter ses limites, réviser ses ambitions, au fond, lâcher prise. Passe encore si c'est pour un temps limité, le temps d'un traitement par exemple, mais c'est plus rude lorsque les problèmes de santé se répètent, lorsque les forces s'amenuisent, que la maladie devient chronique et son retentissement social patent. C'est pourquoi je suis assez réticent à la notion de projet de vie, très en vogue dans le monde médico-social et dans le domaine des soins palliatifs. Est-il juste de rester dans le registre du projet, de la construction volontaire ? Alors que le temps qui se dessine relève davantage de la passivité consentie, le temps de goûter le peu qui est offert, d'entrer dans ce qui est au-delà de toute mesure, de se tenir sur le seuil de l'éternité. Le temps qui reste à vivre est un temps suspendu, tellement inutile qu'il en devient parfois insupportable à l'entourage. Et pourtant, l'essentiel n'est-il pas dans ce temps donné, reçu, accueilli ? L'essentiel n'est-il pas dans ce présent qui a renoncé à toute prétention ? Dans ce présent pur, dépouillé de toute velléité de maîtrise ?

UNE SENSIBILITÉ AIGUISÉE

La conscience de la fragilité de la vie et de la précarité de son état aiguise les sensibilités. Certains apprécient alors la vie avec plus d'intensité. Le vol d'un oiseau, la beauté d'une fleur les touchent comme jamais. Ils vont goûter la présence de leurs proches, exprimer leurs remerciements au médecin et aux soignants, parfois les larmes aux yeux, tel cet homme émouvant, pourtant menacé à brève échéance par une maladie rare et redoutable, qui redoublait de gratitude à chaque rencontre pour les menues améliorations de son état. Ou cette septuagénaire, bougrement sympathique, qui, non sans malice, alors qu'elle était en aplasie[36], demandait la permission d'aller au restaurant le dimanche avec ses enfants et petits-enfants, sachant à la fois le risque encouru et le caractère menacé du plaisir qu'elle désirait pour elle et ses proches.

Ainsi, la fragilité ne conduit pas seulement à la tristesse et à l'angoisse. Reconnue et assumée, elle mobilise les ressources de notre humanité toujours marquée par la finitude. C'est ainsi qu'elle peut affûter le regard, ouvrir le cœur à l'émerveillement et à la gratitude, le rendre plus sensible à la tendresse, à la beauté cachée des choses et des êtres. Tout se passe comme si la brièveté présumée du temps encore disponible affinait les sens. Il n'est pas rare d'ailleurs que cette sensibilité vive déborde dans des expressions sensuelles, une caresse, un baiser, qui les uns comme les autres se caractérisent par leur caractère éphémère et le fait qu'ils effleurent sans s'imposer. Emmanuel Levinas a merveilleusement dépeint la caresse qui transcende le sensible : « La caresse consiste à ne se saisir de rien, à solliciter ce qui s'échappe sans cesse de sa forme vers un avenir – jamais assez avenir – à solliciter ce qui

36. Situation fréquente en hématologie, en raison des maladies et surtout des traitements. Elle consiste en une forte baisse des lignées sanguines, notamment des polynucléaires neutrophiles, principales défenses antibactériennes. On parle alors de neutropénie, laquelle entraîne un risque important d'infections graves.

se dérobe comme s'il n'était pas encore. [...] Ce que recherche la caresse ne se situe pas dans une perspective et dans la lumière du saisissable[37]. » La personne qui a consenti à la faiblesse prend conscience de la vie comme quelque chose qui la dépasse, qu'elle ne maîtrise pas, qui n'a pas de prix. Elle la savoure tout simplement, parce que « la vie est belle » comme osent le dire certaines personnes, émues de cette découverte, comme elles le sont devant un nouveau-né !

Parmi les patients, il est une catégorie particulière, celle de ceux qui sont un peu des miraculés, des personnes qui restent en longue rémission, alors qu'un pronostic très sombre pesait sur eux. Cette situation n'est pas rare, liée tantôt au succès des greffes de moelle osseuse, tantôt aux excellents résultats obtenus avec des nouvelles molécules dont ces patients ont pu bénéficier. Au fil des années, les voilà qui se surprennent d'être encore là, d'être en bonne santé. Ils peuvent accueillir la vie avec humour et reconnaissance, manifester un certain détachement, une certaine légèreté. Ils ont dépassé l'inquiétude, la gravité des choses pour cueillir la vie dans ce surplus qui leur est offert. Au risque, paradoxalement, de se croire invincibles et de se trouver désarmés, débordés d'inquiétude quand la maladie s'impose de nouveau.

---

37. Emmanuel Levinas (1905-1995), *Totalité et infini*, La Haye, Martinus Nijhoof, 1974, p. 235-236.

II

Autonomie et dépendance

Le patient qui entre dans l'expérience de la maladie ne fait pas seulement l'expérience de la fragilité. Il vit aussi une dépendance d'un genre nouveau, celle qui le conduit à faire confiance au médecin, à suivre ses prescriptions, à obéir aux injonctions des soignants. Ce n'est pas toujours très simple. Il y aurait beaucoup à dire sur l'observance des traitements, le respect des différentes recommandations et consignes. Peu importe ! La personne malade entre dans une période de dépendance, surtout si elle est hospitalisée, ou dans l'incapacité d'exercer elle-même les gestes de la vie courante. Elle aborde cette période de dépendance avec beaucoup de crainte. Les réflexions sur le soin tiennent compte de cette inquiétude. Elles encouragent le respect de l'autonomie du patient et favorisent tout ce qui y contribue.

Il est vrai que toute notre éducation conduit à l'autonomie. Elle vise à accroître l'aptitude à faire face à l'adversité, à se montrer fort face aux attaques de la vie. Je ne vois guère que la relation amoureuse qui conduise un adulte en bonne santé à avouer avoir un faible pour quelqu'un. Fragilité, faiblesse… Et si par-delà les mots se balbutiait tout simplement notre incomplétude, le fait qu'on ne peut être homme tout seul, sans lien avec d'autres, ce qui est manifeste aux âges extrêmes de la vie, mais qu'on occulte volontiers entre-temps ! Ce que la maladie révèle, n'est-ce pas au fond une vérité universelle, celle d'une vulnérabilité ontologique, d'une autonomie limitée, d'une interdépendance fondamentale ? Nous ne possédons pas notre vie. Nous la recevons d'autrui, de ceux qui nous ont conçus et enfantés, de ceux qui nous ont élevés, de ceux qui, aujourd'hui encore, nous permettent d'être parce qu'ils nous aiment. La vie n'est-elle pas tout entière dans cette ouverture à autre que soi ? Dans l'acquiescement à ce qui nous précède et nous dépasse, autrement dit dans la reconnaissance d'une transcendance que l'on peut occulter, jamais éliminer complètement.

L'attention, la bienveillance, la disponibilité et l'écoute qui vont se manifester dans le soin vont réveiller cette capacité à accueillir l'interdépendance comme une expérience vivifiante alors que la dépendance était redoutée comme mortifère par l'adulte autonome. Ainsi, la responsabilité des soignants est engagée pour que la relation d'interdépendance soit respectueuse du patient, le valorise dans son autonomie, tout en lui manifestant le nécessaire soutien mutuel.

III

Le soin : révélateur de dignité

Le soin développe une étonnante proximité qui se déploie dans le respect du patient et de sa pudeur. Ce corps chahuté par la maladie, ce corps qui semble lui échapper, est objet d'attention et de soins mais aussi d'examens et de traitements parfois invasifs et pénibles. Son intimité ainsi exposée est confiée à la bienveillance des soignants. Notre époque est particulièrement sensible à la nécessité de veiller à la bientraitance dans le soin. Cette notion très riche suscite des recherches éthiques d'une grande pertinence. Elle est prise en compte dans les critères de qualité permettant l'accréditation des services hospitaliers.

Au-delà de ces critères objectivés, le soin peut révéler des trésors de délicatesse, de tendresse, de bonté. La sollicitude qu'il manifeste est révélatrice de dignité. Elle signifie la valeur infinie de chaque personne humaine, digne d'intérêt quelle que soit sa fragilité. Mais, trop souvent, les contraintes techniques et les impératifs d'efficacité dans le travail vont l'emporter sur le « prendre soin », l'attention à la personne, la disponibilité et l'écoute. Ce hiatus croissant représente assurément un des grands défis auxquels la médecine est confrontée aujourd'hui. Il me plaît cependant de ne pas opposer technique et humanité, de considérer comme possible la conjugaison des deux, notamment quand la relation s'établit dans la durée. La brièveté du temps accordé est alors compensée par la répétition des rencontres qui entretiennent une certaine familiarité. L'attention gratuite et la tendresse se glissent dans les interstices, entre les impératifs du soin et les contraintes réglementaires. Elles sont prioritaires en fin de vie, lorsque le soin n'a plus d'objectif curatif et prend davantage en compte la personne dans sa globalité.

Ainsi au cœur de la maladie, le respect de la dignité peut revêtir des aspects poignants et susciter une reconnaissance sans bornes. Me revient à l'esprit l'échange avec un patient, un échange comme beaucoup, entre deux portes, un soir d'été, alors que le patient quittait l'hôpital de jour où il avait reçu une nouvelle fois des soins. Je suivais étroitement cet homme de 69 ans, atteint d'une maladie rare et incurable qui entraînait des lésions de la peau, pénibles par le prurit qu'elles provoquaient. Nous nous étions vus très régulièrement depuis dix-huit mois. Une rémission inespérée nous avait donné quelque espoir. Cependant, malgré l'autogreffe de cellules souches hématopoïétiques qui aurait dû prolonger cette rémission, la maladie avait très rapidement repris le dessus. Quelques heures après notre conversation, le patient devait connaître une décharge bactérienne et un choc toxi-infectieux nécessitant une ultime hospitalisation au cours de laquelle la leucémie qui progressait à toute vitesse aurait le dernier mot.

À l'heure de notre échange, sur le seuil de l'hôpital de jour, notre homme me semblait fringant et je me permis de le saluer de manière un peu cavalière en soulignant qu'avec son blouson et son jean, il paraissait un jeune homme. C'est alors qu'il me répondit de façon très belle, même si c'était sans accorder les verbes : « Vous savez, docteur, s'il n'y avait pas la maladie, je me sens bien ! » Puis, il ajouta : « Mon Père, il faut que je vous dise, ce qui me fait le plus mal, ce n'est pas la maladie, c'est la société. » Comme je craignais de n'avoir pas bien compris son propos – il était édenté –, je le fis répéter. Il poursuivit alors sa confession : « Oui, toute ma vie on m'a traité d'illettré. On m'a pris pour un moins que rien ; c'est ça qui me fait mal, bien plus que la maladie ! » Je compris alors pourquoi, malgré l'échec des traitements médicaux, ce patient ne cessait de me remercier, au point que je trouvais cela gênant. Je le freinais dans ses ardeurs, mais en vain. Belle expression de la gratitude d'un « petit » qui, à l'hôpital, au travers des soins et de l'attention prévenante dont il était l'objet, faisait l'expérience de sa dignité, une dignité que beaucoup lui refusaient en l'enfermant dans sa condition sociale inférieure, une dignité dont il faisait l'expérience heureuse au soir de sa vie ! Sans le relever, j'avais aussi bien entendu le subtil passage du « docteur » par lequel il me désignait d'ordinaire au « Mon Père » qui traduisait la dimension existentielle de son propos.

Quelques jours plus tard, un samedi, la veille de sa mort, alors qu'il était écarlate – il souffrait d'une érythrodermie[38] extrêmement pénible – il réitéra ses remerciements envers moi, avant d'ajouter en joignant les mains « merci, merci mon Dieu ». Il prononçait ses paroles, en compagnie de son épouse, alors même que toute la famille était réunie à l'extérieur pour le mariage de leur petite-fille. Beaucoup se seraient lamentés d'une telle situation. Lui vivait une attente sereine de la mort, une sorte d'accomplissement. Ainsi l'expérience éthique de la dignité recouvrée nourrissait en lui la gratitude à l'égard des soignants et le conduisait à l'action de grâce envers Dieu, dans une proximité aimante avec celle qui partageait sa vie depuis longtemps. Alors que, d'ordinaire, il ne devait pas être un pilier d'église, il avait reconnu dans l'attitude respectueuse des soignants la main de Dieu et offert à son épouse et à moi-même une liturgie brève mais de grande valeur.

Cette histoire l'illustre s'il en était besoin. La dignité n'est pas liée à la performance intellectuelle, à la position

38. On désigne par érythrodermie une atteinte généralisée de la peau, très rouge, inflammatoire, responsable d'une fièvre et d'une déperdition hydrique. L'érythrodermie était, dans son cas, due à l'infiltration leucémique de sa peau.

sociale ou à la beauté physique. Nous pouvons avec la Déclaration universelle des droits de l'homme affirmer « la dignité inhérente à tous les membres de la famille humaine et leurs droits égaux et inaliénables[39] », mais il nous faut aussi considérer la dignité comme une exigence éthique[40]. La dignité est dans le regard que nous portons sur autrui. Elle est confiée à notre responsabilité. Ce constat nourrit une vision relationnelle de l'homme, conçu davantage comme personne que comme individu isolé. « L'humanité n'est jamais acquise dans la solitude[41]. » Toute l'expérience du soin le démontre qui met en valeur la solidarité vécue au quotidien avec les plus faibles. Elle consonne avec les développements philosophiques d'Emmanuel Levinas qui a si bien analysé combien le visage de l'autre nous sollicite : « J'analyse la relation interhumaine comme si, dans la proximité avec autrui – par-delà l'image que je me fais de l'autre homme – son visage, l'expressif en autrui (et tout le corps humain, en ce sens, plus ou moins visage), était ce qui m'*ordonne*

39. Préambule de la Déclaration universelle des droits de l'homme : « *Considérant* que la reconnaissance de la dignité inhérente à tous les membres de la famille humaine et de leurs droits égaux et inaliénables constitue le fondement de la liberté, de la justice et de la paix dans le monde », 10 décembre 1948, *www.un.org/fr/documents/udhr/*

40. Patrick Verspieren, « Dignité, perte de dignité, déchéance », *Laënnec*, 41, 3-4, mars 1993, p. 9-11.

41. Hannah Arendt, *Vies politiques*, Paris, Gallimard, 1974, p. 85.

de le servir. J'emploie cette formule extrême. Le visage me demande et m'ordonne[42]. »

L'éthique du care explore l'expérience de la vulnérabilité et du soin, les plaçant au cœur de la morale pour en dégager les conséquences sociétales et politiques[43], conférant à la dynamique en œuvre dans le soin une fécondité inattendue que certains dénoncent en invectivant une société compassionnelle[44]. La pensée chrétienne offre une réflexion très riche sur la dialectique entre justice et charité. Dans nos sociétés modernes, le devoir de venir en aide aux malades et aux personnes fragiles est considéré comme une exigence de justice, largement soutenue par la collectivité nationale. Néanmoins, qu'il nous soit permis de rappeler ici avec le pape Benoît XVI que « *La charité dépasse la justice*, parce que aimer c'est donner, offrir du *mien* à l'autre ; mais elle n'existe jamais sans la justice qui amène à donner à l'autre ce qui est *sien*, c'est-à-dire ce qui lui revient [...]. La charité manifeste toujours l'amour de Dieu, y compris dans les relations humaines. Elle donne une valeur théologale et salvifique à tout engagement pour la justice dans le monde[45]. » C'est ainsi que

42. Emmanuel Levinas, *Totalité et infini*, La Haye, Martinus Nijhoff, 1961, p. 103-104.
43. Joan Tronto, *Un monde vulnérable. Pour une politique du care*, Paris, La Découverte, 2009.
44. Myriam Revault d'Allonnes, *L'homme compassionnel*, Paris, Seuil, 2008.
45. Benoît XVI, *Caritas in veritate*, n° 6.

l'accompagnement des personnes malades est de l'ordre de l'alliance, telle que la caractérise François Soulage qui propose, « pour décrire cette relation de solidarité effective c'est-à-dire de fraternité, un engagement au point de se risquer avec l'autre, un engagement sans condition préalable, un engagement qui appelle l'autre à répondre, un engagement sans terme fixé, une relation qui pardonne, une attention d'abord à celui qui est menacé de disparaître[46]. »

46. François Soulage, président du collectif Alertes, ancien président du Secours catholique, Caritas France, lors de la conférence de rentrée de l'Université catholique de Lille, 25 septembre 2014.

IV

Violence et douceur

Dans un service d'hématologie, la violence de la maladie est omniprésente. Nous avons déjà évoqué celle de l'annonce du diagnostic initial et des rechutes, tout comme le caractère iatrogène de bien des traitements proposés. De même, la brutalité de certaines complications, notamment infectieuses : détresses respiratoires ou chocs septiques, l'isolement nécessaire en période d'aplasie ou après une greffe de moelle osseuse, le caractère dramatique de certaines réactions greffon contre l'hôte, l'imprévisibilité de certaines rechutes ou de transformations de la maladie sur un mode agressif… La liste est longue de situations particulièrement violentes que la mortalité encore élevée ne fait que renforcer, notamment lorsqu'elle touche des jeunes ou des patients qu'on avait l'ambition de guérir. Ce climat de violence constitue en soi un appel à la douceur et à la tendresse. Bien des proches le comprennent qui multiplient les visites et les signes d'affection. Les soignants s'emploient à accueillir les détresses et à pacifier des situations tendues et parfois désespérées. Tout ne se traite pas à coups de médicaments, même appropriés. La disponibilité, l'écoute, la compassion sont ici primordiales. « Heureux les doux car ils recevront la terre en héritage. Heureux les artisans de paix, car ils seront appelés fils de Dieu. » (Mt 5,5.9.)

La foi ne confère pas une protection contre la révolte. Ainsi cette femme de 71 ans, « la seule de son lotissement à aller à l'église », constatait la progression inexorable de sa maladie qui nécessitait des transfusions sanguines de plus en plus fréquentes. Je suivais cette dame depuis sept ans. L'immunochimiothérapie lui avait permis de vaincre un lymphome particulièrement grave et douloureux. Quelques années plus tard, c'est une leucémie secondaire, due aux effets délétères de la chimiothérapie sur les cellules médullaires, qui devait l'emporter. Elle venait d'apprendre d'une collègue que nous n'avions plus de traitement à lui proposer. Elle me disait d'une voix forte : « Vous vous rendez compte, Mme X m'a dit comme ça : "Il n'y a plus de traitement !" Vous vous rendez compte, plus de traitement ! C'est violent ! Qu'est-ce que je vais devenir ? Combien de temps ça peut durer ? » Et dans un marchandage semblable à celui d'Abraham (Gn 18,22-33), elle me demandait : « Combien : dix ans, cinq ans, quatre, trois, deux, un… ? » Comme je restais silencieux, elle comprit très bien ce qu'elle savait déjà mais refusait d'accepter. « Moins que ça ? » « Oui, vous le savez bien, moins que ça…, même si personne ne sait exactement combien. » Je savais qu'elle était « très croyante » et elle me savait prêtre. Je me permis d'interpeller sa foi en l'invitant à la confiance, mais elle était inconsolable. Elle clamait son appétit de vivre, son désir d'être présente à ses enfants et petits-enfants qui l'adoraient. « Le Ciel, je ne connais pas, tandis qu'ici sur terre, je connais et je veux vivre encore », disait-elle comme pour conjurer le sort, tout en ébauchant un sourire de tendresse qui en appelait à la compassion, au-delà de l'ultime combat perdu d'avance. Elle tentait alors une nouvelle négociation en conjuguant séduction et appel à la compassion : « Au moins, vous célébrerez mon enterrement ! » Surpris par son audace, je me défilai en arguant que je ne pouvais m'y engager et qu'il n'était pas bon que je sois partout ! Décidément, cette dame attendrissante était habile en affaires, même si elle savait bien que l'essentiel ne peut s'acheter !

Quelques jours plus tard, lors d'une brève hospitalisation, quarante-huit heures avant sa mort au domicile, dans un contexte de septicémie, elle arborait le regard sévère de ceux qui n'acceptent pas l'inéluctable et contiennent mal leur rancœur. Elle récriminait contre son fils, pourtant prévenant. Il avait en effet commis un geste par trop symbolique de la mort prochaine : descendre son lit de la chambre à coucher au salon du rez-de-chaussée. Elle tentait en vain d'obtenir quelques paroles qui auraient pu déjouer la fin de vie annoncée, alors même que son regard trahissait le consentement qui s'opérait au-dedans d'elle. Nous nous sommes séparés alors que je lui signifiais par mon propre regard la réception du message. Je ne fus pas surpris deux jours plus tard d'apprendre sa mort, chez elle, entourée des siens, dans un climat pacifié.

Cette histoire illustre s'il en était besoin combien révolte et consentement peuvent avancer de concert dans une ambivalence qui dit le travail du trépas. Derrière sa révolte, cette dame disait sa rage de vivre et son attachement à ce qu'elle avait de plus précieux, sa famille. Veuve assez jeune, elle expliquait n'avoir jamais eu de chance, alors que sa douceur et sa gentillesse en disaient long sur ses qualités de cœur et les dispositions intérieures qu'elle avait su développer au travers des heurs et des malheurs de la vie. Mère et grand-mère, elle peinait cependant à accepter de recevoir des soins de ceux qu'elle avait nourris et choyés. Difficile retournement à opérer ! Son regard évoquait celui d'un enfant capricieux qui joue pour mieux s'entendre dire qu'on l'aime et que l'amour ne lui fera jamais défaut. On me pardonnera d'associer caprice et esprit d'enfance, mais cette interprétation peu canonique convient bien à la situation : « Amen, je vous le dis : si vous ne changez pas pour devenir comme les enfants, vous n'entrerez pas dans le royaume des cieux. » (Mt 18,3.) Un royaume des cieux qu'elle feignait de ne pas connaître, ni désirer, alors même qu'elle en avait cultivé les valeurs dans son économie familiale et qu'elle y aspirait du plus profond de son être ! Gageons malgré tout que « ma » patiente ne sera pas trop dépaysée au ciel et que Dieu dans sa grande bonté lui donnera de goûter en plénitude ce qu'elle a recherché avec tant d'appétit sur cette terre, comme en témoignait sa rage de vivre à l'article de la mort.

Son attitude me conduisit à une interrogation sur la pertinence de la prédication chrétienne au sujet de l'au-delà. Comment cultivons-nous chez les croyants le désir de Dieu et de son royaume ? Peut-être avons-nous trop mis l'accent sur le royaume déjà là et pas assez sur celui qui vient ? À l'opposé de siècles de prédication chrétienne centrée sur le jugement dernier et l'au-delà, aurions-nous à ce point rapatrié la transcendance dans l'histoire des hommes au risque de vider le ciel de tout contenu ? Comment se fait-il que l'espérance de la vie en Dieu ne semble pas faire le poids face aux ambitions humaines de bonheur ? Invitons-nous suffisamment au détachement de ce que nous possédons pour désirer « être riche en vue de Dieu » (Lc 12,21) ? Force est de le constater : la sécularisation a détourné nos contemporains du ciel et les rend bien démunis au soir de la vie !

V

Don et gratuité

L'ESSENTIEL, C'EST LE DON

L'expérience de la maladie est souvent marquée par la solitude et le repli sur soi. Aussi, la bonté, la tendresse, l'attention délicate permettent d'entrer dans un autre registre. Elles libèrent de l'enfermement sur soi-même, de l'angoisse qui étreint. Elles sont bienfaisantes. Elles ont un goût d'inattendu. Elles s'offrent là où on ne les attendait pas, là même où l'on n'aurait pas idée de les exiger. Elles se fraient un chemin dans les interstices d'un soin balisé par des protocoles parfaitement huilés, des procédures codifiées et traçables. Elles ouvrent à l'accueil du don gratuit. Elles éveillent à la reconnaissance de l'amour offert, à la gratitude.

« L'essentiel, c'est le don. » C'est ce que me confiait un patient que j'espère guéri, quatre ans après une allogreffe de cellules souches hématopoïétiques. Je l'avais suivi de façon rapprochée dans les douze années précédentes, au point qu'une belle complicité et même une véritable amitié ont grandi entre nous. « L'essentiel, me disait-il, c'est le don. » Par là, il ne signifiait pas tant le don généreux de l'anonyme qui lui permettait de vivre aujourd'hui, mais plus fondamentalement la qualité des relations qui, selon lui, devraient régir les rapports entre les hommes, la qualité d'écoute, l'ouverture gratuite à l'autre. Il précisait l'importance pour lui de la tendresse, de la douceur, de l'empathie et regrettait la raideur ou la distance derrière lesquelles se retranchaient certains confrères, par pudeur ou par protection. Il les comprenait, tout en déplorant leur attitude, alors que, me disait-il, il avait parfois éprouvé le désir d'embrasser chaleureusement le médecin qui le suivait !

LA TENDRESSE SE FRAIE UN CHEMIN

La tendresse se glisse parfois là où on ne l'attendrait pas, là même où la violence semble dominer. Ainsi, je me souviens de cette femme de 73 ans, à laquelle je proposais d'entrer dans une étude clinique. Je ne la connaissais pas préalablement ; elle m'avait été indiquée par un confrère. Je la reçois avec son époux, discret, effacé même, alors qu'elle déversait des flots de paroles qui finissaient par me casser les oreilles. Je tentais de lui fournir quelque explication sur la proposition thérapeutique qui lui était adaptée, mais mes tentatives restaient vaines ou ne faisaient qu'activer tout un système de références qu'elle sollicitait pour m'expliquer sa vision de la maladie et la manière dont elle essayait de l'apprivoiser. Elle était à la fois agaçante et touchante. Comment dans ces conditions attester qu'elle avait compris le contenu et les enjeux de l'essai clinique que je lui proposais ? Comment dans ces conditions recueillir un consentement éclairé ? J'ai failli remballer mes liasses de documents et y renoncer. La nouvelle attachée de recherche clinique qui s'impatientait au-dehors était entre-temps entrée dans le cabinet de consultation. Elle était ébahie par la situation. Puis, dans un échange de regards avec la patiente et un clin d'œil à son mari, j'ai tendu un stylo à l'intéressée, en lui indiquant où signer. Elle s'est exécutée immédiatement, et a soudain fait preuve d'un calme inattendu. Son visage crispé s'est éclairé. Sur ses joues, une risette lui conférait une fraîcheur et une nouvelle jeunesse. Tout s'est apaisé. Ma collaboratrice a pu procéder à l'électrocardiogramme de rigueur, l'infirmière aux prélèvements sanguins. Un vent de tendresse avait balayé l'angoisse. Nous sommes devenus les meilleurs amis du monde et le sommes encore, alors qu'elle participe à un deuxième essai clinique cherchant à entretenir une bonne réponse au traitement.

Ainsi, à l'hôpital, la tendresse peut prendre des chemins détournés pour se dire. Elle peut revêtir les habits de l'autorité qui protège et rassure, ceux d'un paternalisme bienfaisant qu'il est de bon ton de dénoncer au nom de la sacrosainte autonomie des patients ! Elle peut s'exprimer dans une attitude, un geste, une attention qui respectent la personne fragile, lui manifestent la valeur qu'elle a pour le soignant. Elle est révélatrice de dignité, là où celle-ci est menacée, là où le patient risque d'être réduit à l'état d'objet de soin, à l'image de ces mannequins sur lesquels se fait désormais l'apprentissage clinique dans les facultés de médecine et les instituts de formation en soins infirmiers. Elle fleurit tout simplement là où la relation humaine a pu s'établir dans un accueil authentique qui n'enferme pas l'autre dans un statut ou une fonction, mais parvient à toucher les cœurs. Elle signifie la valeur de celui qui est blessé par la maladie et qui est respecté, aimé, tout simplement parce que c'est lui ou elle, une personne unique et irremplaçable !

La tendresse introduit dans le régime du don et de la gratuité, dans ce qui n'a pas de prix, ne peut être ni exigé, ni codifié. Comme une caresse, elle effleure l'autre et s'efface aussitôt dans une grande discrétion. Elle est pourtant essentielle et ô combien bienfaisante. Elle donne au soin la fraîcheur inattendue d'une nouvelle naissance. Elle apaise l'inquiétude et dissipe l'angoisse, peut-être, justement, parce qu'elle ouvre à l'accueil du don gratuit et libère du poids excessif de soi-même.

AU RENDEZ-VOUS DE LA BONTÉ

Là où la souffrance et le malheur avaient imposé leur loi implacable, voici que la tendresse, la douceur, la délicatesse témoignent de la bonté disponible. Étonnante révélation parfois pour des personnes malmenées par la vie, accablées de solitude, ou pour des « brutes », peu sensibles à cette facette de notre humanité ! Les voilà au rendez-vous de la bonté ! Ils ont touché la tendresse primordiale et infinie. Le bonheur qu'elle procure est un présent inespéré, bien différent du bien-être que vendent les nombreux marchands qui font de la santé un objet de consommation et de profit. C'est une grâce que nul ne peut reproduire, mais qui s'offre sur ces lieux de souffrance et de violence et donne le goût d'un ailleurs de délices auquel chacun serait promis. Il y a, en elle, comme de l'excès, de la démesure. On comprend dès lors que la tradition philosophique et théologique la définisse comme un transcendantal, quelque chose qui ouvre à l'au-delà, à Dieu.

Comme en écho, il me plaît de citer ici le récit évangélique de l'onction de Béthanie où « Marie prit une livre d'un parfum très pur et de très grande valeur ; elle versa le parfum sur les pieds de Jésus, qu'elle essuya avec ses cheveux ; la maison fut remplie de l'odeur du parfum » (Jn 12,3). Geste qui offusqua Juda, prêt à vendre ce parfum et à utiliser la somme pour la donner aux pauvres ! La démesure s'affronte au calcul rationnel ; la gratuité à la comptabilité ; la bonté à la ruse, alors que s'annoncent la passion et la sépulture prochaine de Jésus ! En effet elle est désormais dépassée, la comptabilité qui s'impose dans le temps limité qui nous sépare de la mort.

Dorénavant, comme le signifie Jésus, c'est de l'au-delà de la mort qu'il nous faut aborder les choses : « Laisse-la observer cet usage en vue du jour de mon ensevelissement ! » (Jn 12,7.)

AVEC CEUX QUI ONT TOUCHÉ LE CIEL

« Que voulez-vous », me disait le patient cité ci-dessus, qui considérait le don comme essentiel, « quand on a touché le ciel, ce n'est pas facile d'atterrir. On fait peur. On a acquis une certaine maîtrise et c'est insupportable pour beaucoup. » Et d'expliciter : « Ma présence semble menacer mes collègues sur mon lieu de travail ! Ils vivent tellement à la surface, dans l'immédiateté, que je suis contraint de taire mon expérience pour ne pas les déstabiliser. Il en est parfois de même avec des proches. » Il partageait ce constat douloureux d'une expérience largement indicible, tout en témoignant d'une grande sérénité. Et il poursuivait en confessant : « La beauté, j'y suis de plus en plus sensible. Je ne cesse de m'émerveiller de la rencontrer. »

Don, gratuité, bonté, beauté : « Ceux qui ont touché le ciel » y sont particulièrement sensibles. Ils les cultivent, là même où les récapitulatifs de numérations globulaires, les courbes de température et les protocoles de soins semblent imposer leur froide objectivité. À y regarder de plus près, ils les suscitent aussi par leur pauvreté désarmante. La beauté se livre dans les gestes d'affection à l'égard de celui qui est malade. Elle est signifiée par ces bouquets de fleurs qu'on amène à l'hôpital et qui, hélas, finissent dans les lieux d'accueil pour éviter quelque contamination bactérienne ou fongique ! Elle s'exprime dans des créations artistiques, telles ces photographies qui ornent les murs de notre service, produites par un patient devenu artiste et qui parvient à exorciser la violence par la beauté, à conjuguer angoisse et espérance dans des compositions étonnantes de fraîcheur. Comme la bonté, la beauté n'a pas dit son dernier mot dans les lieux de souffrance. Au contraire leur aridité est un cri pour que jaillissent des sources ; leur sévérité constitue un appel à la fantaisie ! Un peu comme ces boucles d'oreille, ces bracelets de couleurs éclatantes, ces oiseaux chantants qui égaient les bidonvilles d'Amérique latine et chantent la vocation de l'homme à dépasser la misère et la souffrance, pour connaître la beauté qui dépasse toute beauté, la source de toute vie et de tout amour : « Il n'y a rien de plus impressionnant que de voir un enfant extrêmement rachitique, mais qui se donne encore le luxe de parer ses bras squelettiques avec un bracelet de plastique… Les pauvres aiment se parer. Dans les maisons misérables, on voit des jeunes filles aux ongles peints, parfumées et arborant différents bijoux. Avec toutes ses ambiguïtés, ce phénomène montre que, par le chemin de la beauté, les pauvres ont besoin de dépasser l'état d'oppression dans lequel ils se trouvent et d'affirmer qu'ils ne sont pas seulement des êtres de besoin, mais aussi des êtres de liberté[47]. »

Paradoxalement, là où la souffrance a ébranlé les assises de nos constructions, là où tout n'est que ruines et désolation, bonté et beauté chantent une autre musique pour qui sait prêter l'oreille du cœur et l'accueillir humblement au terme d'un parcours souvent éprouvant : « Ils viennent, criant de joie, sur les hauteurs de Sion : ils affluent vers les biens du Seigneur, le froment, le vin nouveau et l'huile fraîche, les génisses et les brebis du troupeau. Ils auront l'âme comme un jardin tout irrigué ; ils verront la fin de leur détresse. » (Jr 31,12.) Cette beauté, saint Augustin la découvre au terme d'un chemin tortueux et s'émerveille de sa présence en lui, la présence même de Dieu : « Tard je t'ai aimée, ô Beauté si ancienne et si nouvelle. Tu étais au-dedans de moi et j'étais en dehors de moi-même[48]. » Ailleurs, il précise : « Quand l'âme se sera réglée et ordonnée et qu'elle se sera rendue harmonieuse et belle, elle osera alors voir Dieu et la source même d'où découlent toute vérité et le père lui-même de la vérité [...] Je ne dirai rien de plus, sinon que nous est promise la vue d'une Beauté, dont l'imitation rend tout le

---

47. Jorge Pixley et Clodovis Boff, *Opcão pelos pobres*, Petrópolis, Vozes, 1986, p. 245 : « *O cultivo do belo* », La culture du beau (traduit du portugais du Brésil par mes soins).
48. Saint Augustin, *Confessions*, X, 27 (38).

reste beau, tandis que la confrontation avec elle rend tout le reste laid[49]. »

« Si tu savais le don de Dieu et qui est celui qui te dit : "Donne-moi à boire", c'est toi qui lui aurais demandé, et il t'aurait donné de l'eau vive » (Jn 4,10), dit Jésus à la Samaritaine dans un échange lui aussi inattendu. Et l'eau qu'il offre deviendra pour celui qui en boira « une source d'eau jaillissante en vie éternelle » (Jn 4,14). L'eau qui irrigue d'une grâce nouvelle la vie d'une femme empêtrée dans une histoire conjugale complexe. Le don de Dieu qui s'offre à qui veut bien l'accueillir, le don d'un amour créateur, d'une bonté miséricordieuse qui pardonne, relève et guérit, la promesse d'une vie nouvelle.

Tendresse et bonté confèrent à la situation passablement pesante une légèreté jusqu'ici inconnue. Elles ouvrent au registre du don gratuit et bienfaisant. Mais comment en nommer la source sinon dans la foi ? C'est la mission des croyants appelés à rendre grâce et à louer Dieu, ce qui n'empêche pas les non-croyants de faire l'expérience de cette grâce, d'en bénéficier, de se laisser transformer par elle et, pourquoi pas, d'être sauvés, pour employer un mot qui ne prend tout son sens que dans une perspective de foi ? C'est alors que, comme les exilés de retour au pays, ils peuvent entonner un chant nouveau[50], un chant qui jaillit des profondeurs de l'être

49. Saint Augustin, *De ordine*, II, 51.

50. Dans les Psaumes, les chants de louange sont volontiers qualifiés de cantiques nouveaux : Ps 32,3 ; 95,1 ; 97,1 ; 149,1…

et que l'Esprit suscite en eux. Ainsi saint Augustin commente : « Celui donc qui sait aimer la vie nouvelle, sait chanter le cantique nouveau. Mais qu'est-ce que la vie nouvelle ? Ce cantique nouveau nous oblige de le rechercher. Car tout ici se rapporte au même empire ; l'homme nouveau, le nouveau cantique, le Testament nouveau ; et l'homme nouveau chantera le cantique nouveau et en même temps il appartiendra au nouveau Testament[51]. »

Nombreux sont les acteurs d'un service hospitalier et si j'ai privilégié dans ce récit la relation de mes rencontres personnelles avec les malades, celles-ci s'inscrivent dans une vie d'équipe très riche où se joue la complémentarité des compétences et des personnalités, mais aussi les relais nécessaires pour assurer la continuité des soins et répondre aux urgences. Avec une grande pudeur, nous partageons entre soignants quelques éléments du vécu des patients, des situations dramatiques, mais aussi des bonnes nouvelles. Nous le faisons parfois avec humour, toujours avec respect. Cela crée entre nous et au-delà des différences de statut, d'âge ou de responsabilités une grande solidarité, davantage encore, comme un esprit de famille qui se manifeste notamment lors de repas entre collègues ou de cérémonies de départ en retraite toutes chargées d'émotion. « Je n'ose pas revenir, car vraiment, aux maladies du sang (c'est ainsi qu'on nomme le service),

51. Saint Augustin, sermon 34.

il y a quelque chose ! » me partageait une secrétaire médicale en retraite depuis trois ans, lors d'un pot de départ d'un collègue qui cessait son activité. Elle signifiait ainsi combien ce « quelque chose », cet indicible comptait pour elle, au-delà de la nostalgie d'un univers familier. La confrontation à la maladie grave, même pour une secrétaire médicale qui n'est guère en relation directe avec les patients, constitue une expérience spirituelle riche, qui la conduit à formuler une crainte, une retenue qui évoque celle de Moïse devant le buisson ardent (Ex 3,3-5). Elle porte un message partagé au-delà des mots. Elle crée une communauté forte, ce que perçoivent bien les internes en médecine qui choisissent notre spécialité et s'acculturent rapidement, en livrant parfois furtivement combien ils sont touchés par l'intensité de vie dont nous sommes les témoins. Ce fut mon cas, et c'est avec bonheur que je vois de jeunes médecins s'engager dans la discipline pour cette même raison plus ou moins explicitée, tout autant que pour l'attrait scientifique de l'hématologie.

L'expérience de la maladie est si forte qu'elle crée de même entre les patients une véritable communauté de destin, une amitié entre ce qu'il convient d'appeler des compagnons d'armes. Ces relations échappent souvent au médecin que je suis, qui peut en saisir quelques éléments au détour d'une conversation, dans la bonne ambiance d'une salle d'attente de consultation ou plus encore lors de réunions de patients ou sur les forums Internet proposés par des associations d'information et de soutien, nouvelles formes de citoyenneté responsable en plein essor. Là encore, l'expérience négative de la maladie fait place à l'heureux apprentissage de la solidarité et à la mobilisation pour une cause commune dans laquelle se retrouvent coude à coude des patients et leurs proches, des médecins et des chercheurs.

Ce panorama serait incomplet s'il ne mentionnait pas le rôle des bénévoles de diverses associations parmi lesquelles je voudrais souligner les Blouses roses[52] et les associations de soins palliatifs. Ils représentent en quelque sorte la société civile à l'hôpital et complètent utilement la présence précieuse des familles et des proches des personnes hospitalisées. Ils privilégient le « prendre soin » sur les soins actifs et les procédures techniques et favorisent ainsi des espaces de relation gratuite dont nous avons déjà souligné l'importance.

Même s'ils relèvent d'un statut professionnel en raison des dispositions de la loi de séparation des Églises et de l'État[53], les aumôniers et leurs collaborateurs se situent volontiers dans le même registre d'une présence gratuite. C'est pourquoi j'interroge le concept de soins spirituels très en vogue en Amérique du Nord et qui tend à valo-

52. Les Blouses roses, association fondée en 1944, merveilleusement mise en valeur par Éric-Emmanuel Schmitt, *Oscar et la dame rose*, Paris, Albin Michel, 2002.
53. Loi du 9 décembre 1905, article 2 : « Pourront toutefois être inscrites auxdits budgets les dépenses relatives à des services d'aumônerie et destinées à assurer le libre exercice des cultes dans les établissements publics tels que lycées, collèges, écoles, hospices, asiles et prisons. » http ://www.legifrance.gouv.fr/affichTexte.do?cidTexte=JORFTEXT000000508749

riser le potentiel thérapeutique des spiritualités, au risque de les instrumentaliser en mesurant leur efficacité. Dans cet ouvrage, j'ai cherché à mettre en valeur la dimension spirituelle de la maladie et de la relation de soin, en la repérant dans l'ordinaire des jours, dans le quotidien de l'hôpital chez toutes les personnes impliquées dans le soin des personnes malades et pas seulement chez les spécialistes du spirituel.

Au terme de cette description, nous pouvons nous interroger comme le psalmiste : « Qu'est-ce que l'homme pour que tu penses à lui, le fils d'un homme, que tu en prennes souci ? Tu l'as voulu un peu moindre qu'un dieu, le couronnant de gloire et d'honneur ; tu l'établis sur les œuvres de tes mains, tu mets toute chose à ses pieds » (Ps 8,5-7). Et comme en écho, Pierre de Bérulle : « L'homme est composé de pièces toutes différentes. Il est miracle d'une part et de l'autre néant. Il est céleste d'une part et corporel de l'autre. C'est un ange. C'est un animal. C'est un néant et c'est un miracle. C'est un Dieu, un néant environné de Dieu, indigent de Dieu, capable de Dieu et rempli de Dieu s'il veut. » Un néant lorsqu'il se prend au piège de ses illusions et qu'il limite sa dignité aux performances qu'il s'est fixées, allant parfois tragiquement jusqu'à se donner la mort ou la réclamer superbement, sûr de son bon droit à disposer de lui-même et de son destin ? Un Dieu, lorsqu'il se laisse couronner de gloire et d'honneur, lorsqu'il se fait accueillant à la bonté et à la tendresse qui lui sont offertes. Un Dieu, lorsque dans son humilité il accepte de se recevoir des autres, du Tout Autre, et de renaître d'en haut.

Je viens de brosser à grands traits l'important travail intérieur qui s'opère lorsque la maladie grave fait irruption dans la vie, lorsque menaces et espoirs se succèdent, lorsque se recompose le paysage des relations sociales et amicales, lorsque le soin et la dépendance ouvrent des perspectives jusqu'ici méconnues de bonté et de gratuité. Nous sommes entrés au cœur de l'expérience humaine des personnes malades d'abord, mais aussi de ceux qui prodiguent des soins ou visitent leurs frères et sœurs malades.

Est-ce à dire que tous les malades vivent une telle expérience spirituelle ? Évidemment non ou alors à des degrés très divers… Qu'ils parviennent à une expression de foi ? Encore moins. Beaucoup ne le peuvent pour des raisons diverses. Certains s'y refusent. D'autres s'y risquent souvent dans la plus grande discrétion. Les services d'aumônerie à l'hôpital, le service évangélique des malades à domicile en sont témoins. Peu importe, ce que je voudrais souligner ici, c'est le cheminement vécu par les malades, un chemin âpre et caillouteux, un chemin sur lequel il est commun de trébucher, de tomber même, une ou plusieurs fois, à l'image du Christ en son chemin de croix. C'est un chemin de vérité et de croissance en humanité, qui offre à qui peut l'accueillir une lumière inespérée, ouvre des horizons inattendus, non qu'il faille connaître la maladie pour les découvrir, mais que l'expérience de la fragilité consentie dispose à les connaître.

L'intensité de ce qui est vécu n'échappe à personne, même si elle n'affleure que rarement dans l'expression verbale. Cette intensité confère à l'hôpital un caractère sacré. Il y va de la vie et de la mort, de crainte et d'espérance, de tristesse et de joie. L'omniprésence des techniques médicales, de même que la déferlante des procédures et des démarches qualité ne peuvent avoir raison de ce noyau dur d'humanité. La dimension spirituelle des soins redécouverte par les soins palliatifs et ses protagonistes anglo-saxons, notamment Cicely Saunders[54], n'a cessé d'exister. Si elle se manifeste parfois sous forme religieuse dans des temps de prière, des rites et des célébrations, elle existe de façon plus diffuse, comme tentative de donner sens à la vie, comme démarche permettant d'intégrer des évènements à une histoire, d'élaborer un récit que les professionnels de santé peuvent contribuer à relancer, lorsque la maladie l'a interrompu[55].

---

54. Dominique Jacquemin et Didier de Broucker, *Manuel de soins palliatifs*, Paris, Dunod, 2009, 3e édition, p. 768.
55. Guy Jobin, *Des religions à la spiritualité. Une appropriation biomédicale du religieux dans l'hôpital*, Bruxelles, Lumen Vitae, 2012, coll. « Soins et spiritualités », p. 95.

VI

L'ouverture à la transcendance

Les quelques parcours exemplaires que j'ai en mémoire ne peuvent à eux seuls résumer la complexité des histoires singulières, ni le fait que certains sont dépossédés de leur mort parce qu'elle arrive trop brutalement, sans crier gare, ou que d'autres restent enfermés dans la révolte et le tumulte. Néanmoins, chez beaucoup, il nous est possible de repérer un véritable cheminement spirituel, ou, comme l'écrit Paul Ricœur, « la transcendance intime de l'essentiel déchirant les voiles des codes du religieux confessionnel[56] ». Nous pouvons y discerner la présence de Dieu, comme y invite le traité juif du Chabbat, qui explique ainsi l'attitude de respect devant les malades, préconisée par rabbi Anan, lequel se réfère au Psaume 41 : « Celui qui vient en visite chez un malade ne doit s'asseoir

56. Paul Ricœur, *Vivant jusqu'à la mort*, *op. cit.*, p. 47.

ni au bord de son lit, ni sur une chaise. Il doit se couvrir entièrement et s'asseoir devant lui, parce que la Chekhina est au-dessus de la tête du malade. *L'Éternel au-dessus de son lit de douleur le soutient* (Ps 41,4)[57]. »

Mon propos est infiniment respectueux de ceux qui vivent une quête spirituelle authentique dans une tradition religieuse non chrétienne ou en dehors de toute référence religieuse. Il se veut néanmoins résolument chrétien, car c'est dans le mystère du Verbe incarné qu'il trouve son ultime vérité et le chemin qui mène à Dieu. « Ce qui était depuis le commencement, ce que nous avons entendu, ce que nous avons vu de nos yeux, ce que nous avons contemplé et que nos mains ont touché du Verbe de vie, nous vous l'annonçons. Oui, la vie s'est manifestée, nous l'avons vue, et nous rendons témoignage : nous vous annonçons la vie éternelle qui était auprès du Père et qui s'est manifestée à nous. Ce que nous avons vu et entendu, nous vous l'annonçons à vous aussi, pour que, vous aussi, vous soyez en communion avec nous. Or nous sommes, nous aussi, en communion avec le Père et avec son Fils, Jésus Christ. » (1 Jn 1,1-3.)

Il s'inscrit en faux contre les spiritualités laïques qui séduisent tant de nos contemporains en les dispensant de s'ouvrir à la transcendance d'un Dieu qui est venu nous visiter, « qui a fait surgir la force qui nous sauve dans la

57. Traité du Chabbat, Talmud de Babylone, cité par Xavier Le Pichon dans Bernard Ars *et al.*, *Fragilité, dis-nous ta grandeur*, Paris, Cerf, 2013, coll. « recherche morale », p. 97.

maison de David son serviteur » (Lc 1,69), comme si cette ouverture blessait notre amour-propre d'être libre et autonome. Il le fait sans aucune animosité, mais par exigence de vérité, heureux de proclamer avec l'apôtre Paul « un Messie crucifié, scandale pour les Juifs, folie pour les nations païennes » (1 Cor 1,23), « car le langage de la croix est folie pour ceux qui vont à leur perte, mais pour ceux qui vont vers leur salut, pour nous, il est puissance de Dieu » (1 Cor 1,18). C'est ce dont je me propose de rendre compte maintenant.

III

L'hôpital, une école de l'Évangile

I

L'obéissance de la foi

À plusieurs reprises déjà, j'ai cité la parole de Dieu en écho à des situations humaines rencontrées à l'hôpital. Cette manière de faire ne relève pas d'une méthode. Elle est le fruit d'une démarche de foi, nourrie de la prière et de la méditation des Écritures. Je me propose de poursuivre dans le même sillage le dialogue du salut entre ce dont je suis témoin à l'hôpital et le Christ dans son mystère pascal. Je le ferai pour commencer avec un mot que j'emprunte à la lettre aux Hébreux : obéissance. Ce mot a tout pour nous choquer. Il heurte nos oreilles d'hommes libres. Je vous propose de l'accueillir en faisant vibrer ses harmoniques. ὑπακοήν, l'obéissance en grec, c'est se mettre à l'écoute, ou plutôt sous l'écoute. C'est se soumettre, ne plus faire sa volonté… ou plutôt accorder sa volonté à celui qui ne cesse de nous appeler à la vie. Obéir, c'est faire l'expérience heureuse d'une vie reçue et accueillie comme un don. Rappelez-vous : c'est consentir à la fragilité, accepter de dépendre d'autrui, découvrir les bienfaits inattendus du soin et de l'accompagnement. Écoutons : « Pendant les jours de sa vie dans la chair, [le Christ] offrit, avec un grand cri et dans les larmes, des prières et des supplications à Dieu qui pouvait le sauver de la mort, et il fut exaucé en raison de son grand respect. Bien qu'il soit le Fils, il apprit par ses souffrances l'obéissance et, conduit à sa perfection, il est devenu pour tous ceux qui lui obéissent la cause du salut éternel. » (Hb 5,7-9.)

Le mystère de la foi est-il en mesure d'éclairer ce que nous vivons à l'hôpital avec de grands malades, et vice-versa ? Je le crois. Dans le parcours du Christ, comme dans celui des malades, il est question d'obéissance. Pas l'obéissance servile qui avilit l'homme mais l'obéissance filiale, l'expérience merveilleuse d'être aimé du Père, y compris lorsque l'on est dans la détresse et qu'on semble abandonné de lui.

Cherchons à mieux comprendre : Le Christ peut sembler subir sa passion. Dans un premier temps, il fera tout pour y échapper. À Gethsémani, dans un ultime combat, il accepte la volonté de son Père. « Mon Père, s'il est possible, que cette coupe passe loin de moi ! Cependant, non pas comme moi, je veux, mais comme toi, tu veux. » (Mt 26,39.) Il consent à boire la coupe qui se présente à lui. Plus encore, en offrant la coupe de bénédiction et en partageant le pain, il offre son corps et son sang, il donne sa vie en sacrifice pour la rémission des péchés, pour que soit à jamais scellée l'Alliance nouvelle : « Buvez-en tous, car ceci est mon sang, le sang de l'Alliance, versé pour la multitude en rémission des péchés. Je vous le dis : désormais je ne boirai plus de ce fruit de la vigne, jusqu'au jour où je le boirai, nouveau, avec vous dans le royaume de mon Père. » (Mt 26,27-29).

Le parcours du Christ s'éclaire à la lumière du lien d'amour qui l'unit à son Père, lien qui deviendra explicite à la lumière de la résurrection. Celle-ci manifeste la fidélité de Dieu et la puissance de sa miséricorde, une puissance déjà à l'œuvre tout au long de la vie de Jésus, notamment dans sa relation avec les malades et les pauvres, une puissance plus forte que le mal et victorieuse de la mort. Le Christ est capable de se donner aux autres et de se donner tout entier, car il a tout reçu du Père. N'est-ce pas ce que chante l'hymne aux Philippiens ? « Le Christ Jésus, ayant la condition de Dieu, ne retint pas jalousement le rang qui l'égalait à Dieu. Mais il s'est anéanti, prenant la condition de serviteur, devenant semblable aux hommes. Reconnu homme à son aspect, il s'est abaissé, devenant obéissant jusqu'à la mort, et la mort de la croix. C'est pourquoi Dieu l'a exalté : il l'a doté du Nom qui est au-dessus de tout nom… » (Ph 2,6-9 *sq.*)

L'obéissance est au cœur de cette profession de foi, de ce kérygme des premières communautés chrétiennes : à la fois dans l'abaissement du Christ, serviteur, esclave même, jusqu'à l'offrande de sa vie sur la croix et dans sa capacité à accueillir la puissance de la résurrection. Le Christ nous sauve parce qu'il est Fils. Il nous sauve du péché et de la mort ; du péché qui est enfermement sur nous-mêmes et de la mort qui en est la conséquence. Il nous libère du péché qui est le refus de Dieu. Il nous préserve de la mort par l'ouverture au don de Dieu.

Ainsi paradoxalement l'obéissance conduit à la rémission des péchés, à la liberté des fils : « Puisque les enfants des hommes ont en commun le sang et la chair, Jésus a partagé, lui aussi, pareille condition : ainsi, par sa mort, il a pu réduire à l'impuissance celui qui possédait le pouvoir de la mort, c'est-à-dire le diable, et il a rendu libres tous ceux qui, par crainte de la mort, passaient toute leur vie dans une situation d'esclaves. » (Hb 2,14.15.) Et saint Paul dans l'épître aux Galates de s'exclamer : « Et voici la preuve que vous êtes des fils : Dieu a envoyé l'Esprit de son Fils dans nos cœurs, et cet Esprit crie “Abba !”, c'est-à-dire : Père ! Ainsi tu n'es plus esclave, mais fils, et puisque tu es fils, tu es aussi héritier : c'est l'œuvre de Dieu. » (Ga 4,6.7.)

Au cœur du mystère de l'obéissance et de la liberté des fils de Dieu, il y a le drame du péché sur lequel nous faisons si souvent l'impasse et qui pourtant qualifie la réalité de notre condition humaine que la maladie vient mettre au jour, à l'heure où il n'est plus possible de tricher, à l'heure où il est vain de vouloir s'en sortir par ses propres forces. Le péché ne prend sa consistance qu'à la lumière de l'amour qui vient manifester son inanité. « Là où le péché s'est multiplié, la grâce a surabondé. » (Rm 5,20.)

À la suite de Jésus, les disciples sont invités à prendre leur croix (Mc 8,34) et à se faire serviteurs à leur tour (Mc 9,35). Les exigences évangéliques ont de quoi surprendre. Elles ne sont intelligibles qu'à la lumière du mystère de Pâques : « Qui aime sa vie la perd ; qui s'en détache en ce monde la gardera pour la vie éternelle. » (Jn 12,25.) Nous l'avons vérifié à maintes reprises avec des personnes malades : il est vain de se crisper sur ce qui est menacé et déjà perdu. L'essentiel est dans l'accueil de ce qui va advenir ou, plus précisément, dans la foi, dans l'accueil de Celui qui vient, comme le chante le cantique de Zacharie : « Toi aussi, petit enfant, tu seras appelé prophète du Très-Haut ; tu marcheras devant, à la face du Seigneur, et tu prépareras ses chemins pour donner à son peuple de connaître le salut par la rémission de ses péchés, grâce à la tendresse, à l'amour de notre Dieu, quand nous visite l'astre d'en haut, pour illuminer ceux qui habitent les ténèbres et l'ombre de la mort, pour conduire nos pas au chemin de la paix. » (Lc 1,76-79.)

Cette expérience étonnante de lumière et de paix, c'est l'expérience que font les malades à travers le chemin souvent chaotique du consentement à la fragilité, d'apprentissage de l'humilité, de la découverte de l'interdépendance et des bienfaits du soin. Ils se dépouillent peu à peu de leurs velléités à s'en sortir par eux-mêmes. Ils abandonnent les prétentions à maîtriser leur destin pour se laisser traiter, habiter leur condition de faiblesse, en un mot obéir ! Cette expérience pourrait n'être que celle d'une lente dégradation, d'une perte de dignité insupportable, bref, d'une descente complètement négative. Elle l'est bien souvent à première vue comme toute situation de souffrance. Elle l'est d'autant plus que notre époque valorise la réalisation personnelle et nous assigne un impératif de bonheur[58]. Mais, il nous plaît de discerner dans l'opération de décapage que vivent les malades une autre logique pleine de promesses. Sur le rude chemin de la descente de Jérusalem à Jéricho[59] où ils trébuchent et se trouvent comme anéantis, « à moitié morts » (Lc 10,30), voilà qu'ils croisent de bons Samaritains qui les soignent et les prennent sur leur monture. Voilà qu'ils découvrent de manière inattendue les trésors de bienfaits de la relation de soins, s'ouvrent à une dimension de don et de gratuité qu'ils n'avaient guère eu l'occasion de cultiver jusque-là.

Qu'on me comprenne bien ! Le chemin que nous empruntons avec eux n'est pas une autoroute bien tracée

58. Pascal Bruckner, *L'euphorie perpétuelle. Essai sur le devoir de bonheur*, Paris, Grasset, 2000.
59. Pour saisir l'importance symbolique de cette descente, il faut faire un peu de géographie : Jérusalem, la montagne de Sion, est à 800 mètres d'altitude, Jéricho, ville la plus basse du monde, à 250 en dessous du niveau de la mer !

avec des aires de repos et des postes de ravitaillement réguliers. C'est un chemin escarpé et ardu, glissant et souvent noyé dans le brouillard. Certains cependant y « découvrent, indicible, un autre jour que l'on devine », comme le chante une hymne de la liturgie des heures. Certains y font l'expérience d'une hospitalité bienfaisante qui leur permet de reprendre des forces, comme le suggère l'exégèse allégorique des Pères de l'Église, qui assimile l'auberge du bon Samaritain à l'Église qui prend soin de l'homme blessé et lui permet de revenir à la vie[60]. « À l'homme qui souffre, Dieu ne donne pas un raisonnement qui explique tout, mais il offre sa réponse sous la forme d'une présence qui accompagne, d'une histoire de bien qui s'unit à chaque histoire de souffrance pour ouvrir en elle une trouée de lumière. Dans le Christ, Dieu a voulu partager avec nous cette route et nous offrir son regard pour y voir la lumière. Le Christ est celui qui, en ayant supporté la souffrance, "est le chef de notre foi et la porte à la perfection" (Hb 12,2)[61]. »

Chez certains, la paix emporte la victoire. À l'instar de Jésus, ils peuvent demander que l'on range l'épée dans le fourreau (Mt 26,52). Ils ont compris qu'il était vain de se battre. Le combat est perdu d'avance ou plutôt, il cède la place à une autre logique, celle de l'amour qui déjà

60. ORIGÈNE, *Commentaire de l'Évangile de Luc*, 34, 3 ; IRÉNÉE DE LYON, *Traité contre les hérésies*, III, 17 ; AUGUSTIN, *Commentaire de l'Évangile selon saint Jean*, 41, 12.
61. Pape FRANÇOIS, *Lumen fidei*, n° 57.

convoque le souffrant et l'ouvre à l'avenir. C'est alors que la douleur fait place à la beauté, la violence à la douceur. La miséricorde déploie sa puissance et reflète la gloire de Dieu. Les béatitudes prennent tout leur sens, comme autant de guides sur le sentier de la vie nouvelle. Comme ces deux mains jointes qui émergent d'un corps supplicié, comme ce sourire ébauché sur un visage torturé, la louange peut sourdre, braver l'inconvenance par sa pureté innocente et rejoindre le chant de l'Église qui rend grâce par celui qui est passé par la mort de la croix pour nous ouvrir à la plénitude de vie. « Heureux les cœurs purs car ils verront Dieu ! » (Mt 5,8.)

On pourrait craindre que cette méditation sur l'obéissance de la foi n'entretienne le dolorisme qui a défiguré l'Évangile à certains moments de l'histoire. Et pourtant : « Celui pour qui et par qui tout existe voulait conduire une multitude de fils jusqu'à la gloire ; c'est pourquoi il convenait qu'il mène à sa perfection, par des souffrances, celui qui est à l'origine de leur salut. » (Hb 2,10.) Ce « il convenait » est de la même veine que le « Ne fallait-il pas que le Christ souffrît cela pour entrer dans sa gloire ? » de l'évangile des disciples d'Emmaüs (Lc 24,26). Ce que décrivent ces formules-choc n'est autre que l'évènement central du salut, à savoir la mort et la résurrection de Jésus, l'évènement qui accomplit la révélation de Dieu, ce que Moïse, tous les prophètes et toutes les Écritures n'ont cessé d'annoncer (Lc 24,27) et que nous célébrons dans les sacrements de la foi, au premier chef, le baptême et l'eucharistie.

Mais avant de souligner l'importance de ces sacrements de l'Église, je voudrais évoquer les paroles d'un homme jeune, de confession musulmane, parvenu au terme du combat contre la maladie. Il me présentait à ses frères et sœurs comme « l'ange qui le soigne depuis quatre ans » ! J'ai mis quelques instants à comprendre qu'il me désignait ainsi. J'ai vainement ébauché une protestation pour décliner ce qualificatif inconvenant, alors même que j'éprouvais devant lui les limites de ma science médicale, mais le magnifique sourire qui illuminait son visage ravagé par l'épuisement a vite fait de me désarmer ! J'accueillis le compliment non sans un léger fard que je ne pouvais dissimiler sinon en prenant congé sans plus attendre de la famille et du patient. Celui-ci, au seuil de la mort, avait acquis la belle sensibilité de ceux qui touchent à l'essentiel et savent apprécier ce qui vient de Dieu. Merveille de l'hospitalité qui, au cœur de la tragédie, ouvre à l'inattendu ! Instant de grâce où le ciel se dévoile : « Que demeure l'amour fraternel. N'oubliez pas l'hospitalité : elle a permis à certains, sans le savoir, de recevoir chez eux des anges » (Hb 13,1.2), recommande l'épître aux Hébreux en faisant allusion à Abraham et aux mystérieux visiteurs porteurs de la promesse (Gn 18,2). Je me remémorais ce verset biblique tout en m'interrogeant. « Mon » malade n'était-il pas aussi pour moi et les témoins de cet échange un ange, l'ange du sourire, le messager de la grâce qui « renverse les puissants de leurs trônes et élève les humbles » (Lc 1,52) ? Je ne pourrai plus le questionner sur cette terre, mais en lui disant « au revoir », je lui signifiais « à Dieu », à Dieu, auprès duquel nous pourrons, je l'espère, nous retrouver et apprécier ensemble la puissance de la miséricorde, que lui, musulman, et moi, chrétien, pouvions confesser ensemble. Nous l'avions évoquée quelques jours plus tôt dans un échange que j'avais moi-même qualifié devant lui d'amical. Il me disait alors être prêt à partir et à s'en remettre à Dieu, acceptant de laisser sa jeune épouse et deux enfants en bas âge auxquels il avait la satisfaction, me confiait-il, de laisser quelque bien immobilier comme garantie d'avenir. Comme quoi, même à l'article de la mort, on peut avoir la tête au ciel et les pieds sur terre !

Malgré cette disposition spirituelle mûrie dans la foi au Dieu unique et miséricordieux, quelques heures avant de manifester sa reconnaissance pour les soins et l'attention reçus, il confessait combien « c'est dur ! », dur de voir son corps lui échapper, dur d'être accablé de fatigue et bouillant de fièvre, dur, tout simplement, de partir. Ne voyons pas dans ces propos uniquement l'ambivalence souvent décrite en fin de vie, mais plutôt les éléments d'un combat intérieur qui affleure, l'agonie au sens premier du mot, combat dans lequel l'acceptation se fraie un chemin au milieu des résistances légitimes, où la douceur s'impose peu à peu, où la tendresse a raison de la dureté. C'est aussi ce qu'il m'inspirait alors que je lui expliquais une nouvelle fois que nous étions dans une impasse thérapeutique. Il commentait en riant : « Alors, je ne verrai pas la Coupe du monde de football, cet été au Brésil ! » Et, dans un rire où l'ironie cédait le pas à l'humour, il ajoutait : « Au moins saurai-je ce soir contre qui la France va jouer ! » Insolence d'un appétit de vivre qui est parfois une lutte, une agonie, une forme de gaieté[62] où l'essentiel, il le savait bien, se joue de nos calculs et de nos pronostics, plus encore du tirage au sort des adversaires de la Coupe du monde !

Je le quittais au lendemain de Noël et le portais dans la prière alors que je commençais une retraite monastique le jour de la fête des Saints innocents. Je méditais alors sur ceux que l'Église célèbre comme enfants martyrs, prémices du Royaume, « eux qui ne parlent pas encore et que le Christ rend capables d'être ses témoins[63] ». À mon retour, j'appris que c'était ce même jour qu'il s'était endormi dans la mort, dans une mystérieuse communion avec ceux dont l'Église faisait mémoire au temps de la Nativité !

62. J'emprunte l'expression à Paul Ricœur : *Vivant jusqu'à la mort, op. cit.*, p. 39 : « L'insolence d'un appétit de vivre qui est parfois comme une lutte, une agonie, une forme de gaieté. »
63. Homélie de saint Quodvultdeus, à l'office des lectures de la fête des Saints innocents, le 28 décembre.

À travers refus et consentement[64], les personnes malades ont en partie renoncé à se sauver par elles-mêmes. Elles ont accepté de recevoir leur vie des autres, d'un Autre. Elles ont découvert cette vérité toute simple mais souvent difficile à admettre : nous ne sommes pas hommes tout seuls. Elles ont découvert ce que beaucoup refusent de s'avouer, comme si leur humanité allait en être diminuée. Cette attitude est de tous les temps. La modernité, qui exalte l'autonomie et la maîtrise de soi, l'entretient largement. Déjà, saisi par l'Esprit, Jean se voit intimé d'écrire à l'ange de l'Église qui est à Laodicée : « Tu dis : "Je suis riche, je me suis enrichi, je ne manque de rien", et tu ne sais pas que tu es malheureux, pitoyable, pauvre, aveugle et nu ! Alors, je te le conseille : achète chez moi, pour t'enrichir, de l'or purifié au feu, des vêtements blancs pour te couvrir et ne pas laisser paraître la honte de ta nudité, un remède pour l'appliquer sur tes yeux afin que tu voies. » (Ap 3,17.18.) Allusion claire au baptême qui nous fait passer par la mort avec le Christ pour ressusciter avec lui. Le baptême qui confère la dignité de fils, manifeste la puissance de l'amour et relève qui consent à sa faiblesse et à sa pauvreté. Il permet de toucher symboliquement le fond pour saisir la main que Dieu nous tend.

Sacrement de la foi, le baptême est aussi sacrement de la miséricorde. Il libère du péché qui rive l'homme à lui-

64. Paul Ricœur a décrit la dialectique du refus et du consentement dans « Le chemin du consentement », dernière partie de *Le volontaire et l'involontaire*, Paris, Aubier, 1950.

même et à ses intérêts. Il introduit dans l'expérience filiale de Jésus, dans l'alliance avec Dieu. Ce qui se joue dans la maladie grave permet de donner au baptême toute son épaisseur existentielle. Celui qui est confronté à la maladie grave ressemble aux martyrs de la foi dont l'Église a toujours considéré qu'ils avaient reçu le baptême de désir, même s'ils n'avaient pas formellement reçu le sacrement.

Inversement, l'approfondissement du baptême dans la vocation monastique permet à un Christian de Chergé, prieur des moines de Tibhirine, d'expliquer l'audace pleine d'espérance d'une présence risquée en terre d'Algérie, alors que le terrorisme battait son plein. L'espérance « produit ce que je n'arrive pas – jamais – à faire, ce désir infini de toi entraînant dans son élan de vie : – un désintéressement, un renoncement : ton amour vaut mieux que la vie ! – un choix : pas d'autre bonheur que toi – une solitude aussi, car tu me donnes d'habiter dans la confiance ! – un évènement : naître à nouveau : le seul pouvoir qui jamais ne sera conquis est donné à qui te reçoit (Jn 1,12). "Naître, c'est naître à l'espérance." C'est entrer dans l'à-venir de toi, et s'offrir pour qu'il advienne en ce monde. Quelle mission, ce bonheur-là !… affrontant le pire[65]. »

C'est aussi ce qu'explique ce chrétien anonyme, emprisonné au Guatemala à l'époque des dictatures militaires

65. Christian DE CHERGÉ : « Ô Dieu, c'est toi notre espérance sur le visage de tous les vivants », homélie de Pâques, 1995, p. 159-160, cité par Bruno CHENU, *Sept vies pour Dieu et pour l'Algérie*, Paris, Bayard/Centurion, 1996.

des années 1970 et qui écrit dans un texte lumineux : « Je suis menacé de mort. Il y a dans cet avertissement une erreur profonde. Ni moi, ni personne ne sommes menacés de mort. Nous sommes menacés de vie, menacés d'espérance, menacés d'amour. Nous nous trompons. Chrétiens, nous ne sommes pas menacés de mort. Nous sommes menacés de résurrection. Car Il est le chemin, la vérité, la vie surtout, même s'Il est crucifié au sommet de la décharge du monde[66]… »

Aux apôtres, préoccupés de leur avenir et désireux d'avancement, Jésus ne dit-il pas : « Vous ne savez pas ce que vous demandez. Pouvez-vous boire la coupe que je vais boire, être baptisés du baptême dans lequel je vais être plongé ? » (Mc 10,38) signifiant par là combien le baptême est une expérience vitale, celle de consentir à la mort pour accueillir la vie que Dieu nous donne.

---

66. Anonyme cité par Charles Antoine, *L'Amérique latine en prières*, Paris, Cerf, 1981, coll. « Terre de feu », p. 66-67.

II

La force de l'humilité

Nous avons déjà mis en évidence la découverte de l'humilité que faisaient certains malades face à la maladie, et aussi les médecins confrontés aux limites de leur art. L'humilité n'est-elle pas reconnaissance de sa faiblesse, expérience de celui qui touche le fond, la terre, l'humus pour appeler à l'aide, accepter la main qui lui est tendue ? L'humilité, n'est-ce pas une belle manière de qualifier le Christ, lui qui s'est abaissé jusqu'à la condition d'esclave (Ph 2,7), lui qui a été humilié sur le bois de la croix (Hb 12,2), lui que Dieu a ressuscité pour l'élever à sa droite. C'est ainsi que saint Augustin décrit le mystère du salut : « Il te dit : Je suis venu humble, je suis venu enseigner l'humilité, je suis venu en maître d'humilité. Celui qui vient à moi devient membre de mon corps, celui qui vient à moi se fait humble, celui qui s'attache à moi sera humble, parce qu'il ne fait pas sa volonté, mais celle de

Dieu[67]. » Ainsi, quand le patient évoqué ci-dessus m'a dit « grâce à vous j'ai découvert l'humilité », j'ai traduit : « j'ai rencontré le Christ », même s'il ne me le disait pas explicitement. Quelques semaines plus tard, cependant, il me partageait son bonheur de voir son petit-fils baptisé !

J'apprécie, quant à moi, la portée de la formule lapidaire inscrite dans la chapelle du collège Saint-Winoc de Bergues, fondé en 1600 dans les Flandres françaises : « *Vincit humilitas* », l'humilité a vaincu ; on pourrait traduire, « l'humilité a gagné ». Je le vérifie souvent auprès des malades et en compagnie de l'apôtre Paul : « C'est lorsque je suis faible, qu'alors je suis fort ! » (2 Cor 12,10.)

L'expérience lumineuse de la foi est cependant loin d'être partagée par tous, et si elle éclaire le chemin des croyants, beaucoup marchent à tâtons, dans la nuit. Toutefois, comme le dit saint Jean : « Bien-aimés, dès maintenant, nous sommes enfants de Dieu, mais ce que nous serons n'a pas encore été manifesté. » (1 Jn 3,2.)

---

67. Saint Augustin, *Commentaire de l'Évangile selon saint Jean*, 25, 16.

III

La puissance de la miséricorde

Nous avons vu combien Dieu se révélait dans la pauvreté des personnes malades, de même qu'il se manifestait dans la miséricorde et la bonté déployées dans les actes de soin. Dans l'une et l'autre, nous avons découvert le visage du Christ, qui nous permet de mieux comprendre qui est l'homme et qui est Dieu, un Dieu Trinité d'amour dont la révélation s'accomplit dans la Pâque du Seigneur. Nous avons alors mieux discerné la puissance de la Résurrection à l'œuvre dans le monde de la santé et du soin.

Cette puissance de la Résurrection, l'épître aux Éphésiens la décrit à merveille : « que le Dieu de notre Seigneur Jésus Christ, le Père dans sa gloire, vous donne un esprit de sagesse qui vous le révèle et vous le fasse vraiment connaître. Qu'il ouvre à sa lumière les yeux de votre cœur, pour que vous sachiez quelle espérance vous ouvre son appel, la gloire sans prix de l'héritage que vous partagez avec les fidèles, et quelle puissance incomparable il déploie pour nous, les croyants : c'est l'énergie, la force, la vigueur qu'il a mise en œuvre dans le Christ quand il l'a ressuscité d'entre les morts et qu'il l'a fait asseoir à sa droite dans les cieux. » (Ep 1,17-20.)

Ce mot puissance, en grec *δυνάμει*, ne cesse de revenir dans les lettres pauliniennes. Paul l'emploie par exemple dans la première lettre aux Corinthiens lorsqu'il explique « proclamer un Messie crucifié, scandale pour les Juifs, folie pour les nations païennes. Mais pour ceux que Dieu appelle, qu'ils soient Juifs ou Grecs, ce Messie, ce Christ, est puissance de Dieu et sagesse de Dieu. » (1 Cor 1,23.24.) Il ajoute : « Mon langage, ma proclamation de l'Évangile, n'avaient rien d'un langage de sagesse qui veut convaincre ; mais c'est l'Esprit et sa puissance qui se manifestaient, pour que votre foi repose, non pas sur la sagesse des hommes, mais sur la puissance de Dieu. » (1 Cor 2,4.5). Cette puissance, c'est la puissance d'un amour qui se donne en partage. C'est la puissance que Jésus déploie tout au long de sa vie dans sa rencontre avec les malades et les exclus. C'est la puissance qui opère des guérisons et libère. C'est la même puissance qui permet à Jésus de s'abaisser jusqu'à l'humiliation de la croix et de pardonner à ses bourreaux. C'est la puissance de la Résurrection !

Cette puissance, c'est la force de l'Esprit qui nous est donné en partage. C'est elle qui permet à Paul de mettre sa « fierté dans l'espérance d'avoir part à la gloire de Dieu. Bien plus […] dans la détresse elle-même, puisque la détresse [...] produit la persévérance ; la persévérance produit la vertu éprouvée ; la vertu éprouvée produit l'espérance et l'espérance ne déçoit pas, puisque l'amour de Dieu a été répandu dans nos cœurs par l'Esprit saint qui nous a été donné. » (Rm 5,2-5.) C'est cette même puissance de l'amour que nous reconnaissons dans la dynamique de don et de gratuité que nous observons auprès des malades, et qui paradoxalement permet à la vie de fleurir là où la mort semble l'emporter. Remplis de gratitude envers Dieu qui nous sauve dans sa miséricorde, nous pouvons le louer avec les petits et les pauvres, témoins privilégiés de la puissance de son amour. Nous pouvons le louer par une charité en actes, le louer par nos voix et de façon éminente dans l'eucharistie.

IV

Se prêter à la louange

Louer Dieu, voilà ce que l'Esprit me suggère devant tant de merveilles dont je suis témoin à l'hôpital. Oh, certes, il serait facile de passer en vitesse, de quitter le service, de tourner la page le plus rapidement possible et d'oublier. C'est ce que je fais bien souvent, pour ne pas me laisser envahir par tant de visages attachants ou de situations dramatiques. Quelques appels téléphoniques ou des questions médicales ardues auront vite fait de rappeler la réalité à mon bon souvenir. Mais l'intensité de ce qui a été partagé sur le plan humain, les paroles échangées, les sourires complices, l'affection, même signifiée maladroitement, risquent d'être couverts par le bruit ambiant et les préoccupations du quotidien. Heureusement, qui prête l'oreille de son cœur, peut entendre l'Esprit murmurer la douce musique du passage de Dieu dans ces vies chahutées par la maladie et les traitements. L'Esprit intercède pour nous qui ne savons pas prier comme il faut (Rm 8,26) et nous révèle le dessein de Dieu.

« À l'heure même, Jésus exulta de joie sous l'action de l'Esprit saint, et il dit : "Père, Seigneur du ciel et de la terre, je proclame ta louange : ce que tu as caché aux sages et aux savants, tu l'as révélé aux tout-petits. Oui, Père, tu l'as voulu ainsi dans ta bienveillance. Tout m'a été remis par mon Père. Personne ne connaît qui est le Fils, sinon le Père ; et personne ne connaît qui est le Père, sinon le Fils et celui à qui le Fils veut le révéler." » (Lc 10,21.22.) Ce passage de l'Évangile selon saint Luc nous livre un instantané de la prière de Jésus. Sa structure trinitaire apparaît derrière l'émerveillement de Jésus qui loue son Père de s'être révélé aux tout-petits. Nos malades assurément en sont, eux qui vivent la pauvreté de la maladie et le dépouillement qui l'accompagne. Leur pauvreté les dispose à accueillir la révélation de Dieu qui offre son amour de Père à son Fils et à tous ceux qui, à la suite du Fils, découvrent l'amour miséricordieux du Père et leur identité filiale. À l'opposé, les sages et les intelligents, parmi lesquels se rangent les docteurs (ceux qui savent), sont privés de cette révélation. La vérité de l'échange d'amour entre le Père et le Fils, la joie que l'on éprouve sous l'action de l'Esprit saint leur restent cachée. Nous pouvons longuement méditer cette prière de Jésus et nous émerveiller du chemin que font certains de nos patients dans l'acceptation de leur maladie, dans le consentement à la dépendance, dans l'apaisement après la révolte. Les malades deviennent alors nos maîtres. Avec eux nous pouvons apprendre à désapprendre, apprendre à nous faire pauvres, à nous recevoir de Dieu Père comme des fils bien-aimés. Nous pouvons entendre la béatitude : « Heureux les yeux qui voient ce que vous voyez ! Car, je vous le déclare : beaucoup de prophètes et de rois ont voulu voir ce que vous-mêmes voyez, et ne l'ont pas vu, entendre ce que vous entendez, et ne l'ont pas entendu. » (Lc 10,23.24.)

Qui sont ces tout petits ? Ceux-là mêmes auxquels Jésus s'identifie ? « Amen, je vous le dis : chaque fois que vous l'avez fait à l'un de ces plus petits de mes frères, c'est à moi que vous l'avez fait. » (Mt 25,40.) Qui sont-ils ces petits sinon ces malades dont nous avons évoqué le visage, ces malades discrets, qui posent peu de questions, s'en remettent sans discuter aux propositions de traitement, acceptent leur condition précaire sans revendiquer bruyamment ? Qui sont ces petits, sinon ces patients qui par un geste ou un sourire manifestent combien ils habitent leur fragilité avec simplicité… expriment leur gratitude, font place à la douceur, alors même qu'ils sont confrontés à l'agressivité de la maladie et des traitements. « Au contraire, ce qu'il y a de fou dans le monde, voilà ce que Dieu a choisi, pour couvrir de confusion les sages ; ce qu'il y a de faible dans le monde, voilà ce que Dieu a choisi, pour couvrir de confusion ce qui est fort ; ce qui est d'origine modeste, méprisé dans le monde, ce qui n'est pas, voilà ce que Dieu a choisi, pour réduire à rien ce qui est. » (1 Cor 1,27.28.)

Qui sont encore ces petits ? L'agent des services hospitaliers qui lave le sol en chantonnant, la blouse rose qui, l'air de rien, en offrant un café ou un chocolat, dit la bonté et l'attention aimante d'hommes et de femmes ordinaires qui ont choisi de se rendre disponibles pour leurs concitoyens souffrants. Comme le dit le Psaume, c'est « par la bouche des enfants, des tout-petits : que tu opposes un rempart à l'adversaire, où l'ennemi se brise en sa révolte » (Ps 8,3).

Pourquoi louer Dieu encore ? Pour la compétence technique et relationnelle des soignants, pour l'intelligence des scientifiques qui scrutent les mystères du vivant et permettent des solutions thérapeutiques de plus en plus efficaces. Certainement ! Je ne manque pas de le faire notamment lorsque je suis émerveillé par les avancées présentées aux congrès ou colloques internationaux. D'ordinaire, cela ne vient pas à l'esprit des chrétiens, comme si Dieu était étranger à ces progrès de la connaissance et à l'utilisation des sciences au service de l'humanité souffrante, comme si ces progrès étaient suspects de je ne sais quelle tentation démiurgique ou entachés de collusions douteuses avec les puissances financières. Pourquoi tant de suspicion ? Alors que bien des scientifiques à leur manière sont des humbles, des hommes et des femmes qui se laissent constamment déplacer par de nouvelles découvertes, échangent leurs données et se réjouissent de pouvoir servir les personnes malades. C'est avec émotion qu'à plusieurs reprises j'ai pu constater, chez des scientifiques qui passent leur vie en laboratoire à concevoir et tester des molécules in vitro, le bonheur de savoir que celles-ci s'avéraient efficaces chez les malades « réels », ceux que j'avais la chance de rencontrer et dont ils ne connaissaient au mieux que des échantillons sanguins anonymisés, comme la loi nous y oblige. La compétition exacerbée, les rivalités et les conflits d'intérêts fortement médiatisés ces temps-ci ne doivent pas couvrir le beau service souvent mené dans la discrétion par ces hommes et ces femmes. Dans la foi, nous pouvons y reconnaître l'action de Dieu.

Mais je peux avant tout louer Dieu pour sa miséricorde, celle-là même que je perçois dans l'attention, la douceur et la tendresse qui se manifestent dans les interstices des protocoles de la médecine scientifique et les impératifs de rationalité des soins. Cette miséricorde se vit là dans la disponibilité des soignants, dans la présence discrète des familles, la fidélité des bénévoles. Dans leur malheur, les patients l'accueillent comme un baume précieux qui apaise leur souffrance. Elle s'offre à eux comme un cadeau. Elle allège le poids qui pesait sur leurs épaules (Is 9,3). Elle ravive le cœur et permet à la joie de se frayer un chemin sans que la souffrance n'ait disparu.

C'est donc pour la miséricorde que le petit, celui qui ne compte plus sur ses propres forces, celui qui a le cœur humble, peut louer Dieu. Il peut reconnaître en lui le Dieu riche en miséricorde (Ep 2,4), la source de toute bonté. Il peut le faire en confessant le Christ, lui qui a manifesté sa tendresse aux malades et aux pauvres qui se pressaient autour de lui. Il peut aller plus loin encore et découvrir en Jésus qui marche vers la croix, le Fils qui révèle la miséricorde de Dieu, Celui qui prend sur lui le péché de l'humanité et se fait serviteur jusqu'à la mort, Celui qui accueille l'amour toujours offert du Père, le Vivant du matin de Pâques. Il peut le faire, en s'en remettant à la tendresse de la Vierge Marie, mère de miséricorde, elle, qui par son « oui » a permis la naissance du Verbe de Dieu en notre humanité, elle qui a porté dans ses bras son Fils crucifié, l'accompagnant de sa foi indéfectible.

Je peux louer Dieu « par des psaumes, des hymnes et des chants inspirés » (Col 3,16), notamment par les Psaumes qui rassemblent des siècles de prière, de louange et de supplication, par lesquels l'Église s'unit au peuple de la première alliance et au Christ lui-même. En effet, la louange n'est pas seulement le devoir de chacun, mais la mission de l'Église, lieu où Dieu s'offre par la parole et les sacrements, corps du Christ en ce monde, corps en croissance, souvent encore dans les douleurs de l'enfantement, corps où les membres souffrants ont toute leur place et sont soutenus par leurs frères et sœurs dans une prière unanime qui trouve son unité dans l'eucharistie. Cette louange n'ajoute rien à ce qu'est Dieu mais elle nous rapproche de lui comme le chante une préface eucharistique inspirée de saint Augustin.

Dans chaque eucharistie, nous célébrons le mémorial de la passion et de la résurrection du Seigneur ou plutôt le mémorial de sa passion jusqu'à ce qu'il vienne (1 Cor 11,26) ! Le don de Dieu s'offre à nous dans le corps et le sang de son Fils pour que nous vivions de sa vie. Mystère du salut ! L'eucharistie est le sacrement par lequel s'accomplit le grand passage de la mort à la vie, de la solitude à la communion. L'Église offre au Père « ce qu'elle a reçu de lui, le sacrifice de louange, la Pâque du Christ », comme le dit la prière eucharistique pour les grands rassemblements.

L'eucharistie, comme tous les sacrements, est signe de la présence de Dieu, révélation de sa miséricorde. Elle est l'aliment qui nourrit en nous la vie nouvelle, action de Dieu qui nous sanctifie pour que nous entrions davantage dans l'échange d'amour du Père, du Fils et du Saint-Esprit, pour que nous aimions comme Jésus en faisant de notre vie une offrande agréable à Dieu. Ainsi le mémorial de la Pâque du Seigneur est aussi *memoria futuri*[68], anticipation de la pleine communion en Dieu, préfiguration du banquet céleste auquel tous les hommes sont invités. L'eucharistie entretient la fidélité de l'Église au Seigneur qui sauve l'humanité par sa Pâque. Elle façonne l'huma-

68. Pape FRANÇOIS, *Lumen fidei* n° 9 à propos d'Abraham : « Toutefois cette mémoire ne fixe pas dans le passé mais, étant mémoire d'une promesse, elle devient capable d'ouvrir vers l'avenir, d'éclairer les pas au long de la route. On voit ainsi comment la foi, en tant que mémoire de l'avenir, *memoria futuri*, est étroitement liée à l'espérance. »

nité nouvelle et l'ordonne à sa fin. Comme *memoria passionis*, « elle est un souvenir qui anticipe, elle anticipe sur un avenir déterminé de l'humanité, avenir de ceux qui souffrent, des hommes sans espérance, des diminués et des inutiles de la terre[69] ».

Ce sacrement nous renouvelle, nous transforme, nous sanctifie, nous conforme au Christ, augmente en nous la foi, l'espérance et la charité. Il nourrit notre aptitude à aimer comme le Christ de façon à ce que toute notre vie devienne eucharistie, offrande agréable à Dieu. Le chapitre 13 de l'Évangile selon saint Jean nous aide à mieux comprendre le lien profond entre eucharistie et diaconie, service du frère. Il fonde l'attitude de Jésus serviteur dans la reconnaissance d'une vie reçue de Dieu. « Jésus, sachant que le Père a tout remis entre ses mains, qu'il est sorti de Dieu et qu'il s'en va vers Dieu, se lève de table, dépose son vêtement, et prend un linge qu'il se noue à la ceinture ; puis il verse de l'eau dans un bassin. Alors il se mit à laver les pieds des disciples et à les essuyer avec le linge qu'il avait à la ceinture. » (Jn 13,3-5.) Ainsi la tradition de l'Église associe étroitement la louange de Dieu dans l'eucharistie et la louange par les actes. « En chantant "Alléluia", donnez du pain à celui qui a faim, habillez celui qui n'a pas de vêtements, recevez celui qui n'a pas de maison. Ce n'est donc pas seulement votre voix

69. Jean-Baptiste Metz, *La foi dans l'histoire et dans la société. Essai de théologie fondamentale pratique*, Paris, Cerf, 1979, p. 138.

qui chante, mais votre main chante aussi parce que vous faites ce que vous dites. De même, vos doigts sont d'accord avec ce que votre bouche proclame[70]. »

Saint Jean dans sa première lettre affirme ce lien entre la Pâque qui nous sauve et l'amour fraternel : « Nous, nous savons que nous sommes passés de la mort à la vie, parce que nous aimons nos frères. Celui qui n'aime pas demeure dans la mort. » (1 Jn 3,14.) Ainsi la diaconie devient un lieu essentiel du témoignage chrétien. Comme d'autres dimensions du service et de lutte pour la justice, le soin, l'attention aux souffrants, l'accompagnement des malades sont une manière d'attester de la résurrection du Christ, de révéler le visage du Dieu Trinité et de son amour répandu dans nos cœurs. Au terme du récit du lavement des pieds, Jésus formule une béatitude malheureusement oubliée dans la proclamation de cet Évangile dans la liturgie du Jeudi saint : « C'est un exemple que je vous ai donné afin que vous fassiez, vous aussi, comme j'ai fait pour vous. Amen, amen, je vous le dis : un serviteur n'est pas plus grand que son maître, ni un envoyé plus grand que celui qui l'envoie. Sachant cela, heureux êtes-vous, si vous le faites. » (Jn 13,15-17.) Une miniature syriaque du VIe siècle illustre à merveille combien la vie même du Christ se répand chez les apôtres dont il lave les pieds. Le bleu de son manteau royal se reflète dans l'eau du bassin et diffuse dans le vêtement des Douze. « Toute l'existence

70. Saint Augustin, Commentaire du Psaume 149,8.

[du Christ]…, tout son corps devrait-on dire aussi est comme dilaté à l'extrême, le rendant capable de se tenir à la fois à la dernière place et à celle qui est à la droite du Père. C'est pourquoi, la certitude est donnée aux croyants qu'ils ne sont pas seuls lorsqu'ils se risquent aux autres, mais que c'est pour eux l'occasion de rejoindre leur Seigneur. Ce faisant, ils découvrent que leur humble existence se transforme en un laisser-passer-en-nous-la-vie-divine. À partir de là, le royaume de Dieu, central dans les Évangiles, peut être compris comme le fruit de ce déploiement en l'humanité de la logique gracieuse[71]. »

Le service du frère apparaît dès lors moins comme une exigence morale que comme un chemin de bonheur, un moyen de vivre de la grâce de Dieu et de le louer par toute sa vie comme en atteste la spiritualité hospitalière. « L'hospitalité peut être comprise comme la concrétisation de la charité du Christ… comme réalité systémique, en tant qu'inscription de la charité pratique dans l'histoire[72]. »

71. Étienne Grieu, *Un lien si fort. Quand l'amour de Dieu se fait diaconie*, Ivry-sur-Seine, Éditions de l'Atelier, 2009, coll. « Théologies pratiques », p. 68.
72. Catherine Fino, *L'hospitalité, figure sociale de la charité*, Paris, Desclée de Brouwer, 2010, coll. « Théologie à l'université », p. 84.

V

L'enluminure du livre de règle de vie des sœurs augustines de l'hôpital de Seclin

Je peux relire toute l'expérience que j'ai relatée à la lumière de l'enluminure du livre de règle de vie des sœurs augustines de l'hôpital de Seclin[73], dans le nord de la France, une enluminure du début du xve siècle qui représente le Christ accueilli à l'hôpital avec dans la main gauche la couronne d'épines, dans la droite la couronne de gloire. Il est vêtu du manteau rouge de la Passion et porte l'étendard de la Résurrection. Ce qui est signifié, c'est donc le passage qu'il effectue de la mort à la résurrection, de la souffrance à la gloire. Et ce passage, il l'effectue à l'hôpital, grâce à l'accueil et aux soins dont il bénéficie. Les sœurs vérifient dans leur livre de vie si ce

73. Enluminure reproduite sur le second rabat de couverture.

qu'elles pratiquent est bien conforme aux objectifs de leur communauté. Dans la *rieule*[74], la règle des sœurs, il était prescrit d'accueillir le malade comme le Christ, mais le premier geste posé était celui du Christ lui-même qui lave les pieds de ses disciples. Après le lavement des pieds, la prieure embrassait ceux-ci dans un geste évoquant le débordement d'amour de la femme pécheresse à la table de Simon le Pharisien (Lc 7,38). Saint Augustin, l'évêque de Tournai et le prévôt de l'hôpital les accompagnent dans cette démarche de relecture en Église. Sur le côté se tiennent deux frères, aumônier et jardinier probablement. Rien ne séparait initialement la salle des malades de la chapelle si ce n'est des rideaux rapidement ouverts. Le lieu des soins est aussi lieu de culte à Dieu et nous distinguons, à l'arrière, l'autel sur lequel sont disposées les espèces eucharistiques, le pain et le vin, corps et sang du Seigneur ressuscité, alors que le retable représente la Passion et que le baiser-de-paix exhibe un *ecce homo*. Tout signifie le mystère du salut, le passage de la mort à la résurrection.

La scène de l'hôpital Notre-Dame-lez-Seclin semble illustrer la promesse de Jésus : « Heureux ces serviteurs-là que le maître, à son arrivée, trouvera en train de veiller. Amen, je vous le dis : c'est lui qui, la ceinture autour des reins, les fera prendre place à table et passera pour les servir. » (Lc 12,37.) Étonnante inversion par laquelle les

74. Expression picarde pour « règle ».

hospitalières deviennent les hôtes de Celui qu'elles servent dans les malades ! Belle illustration de l'adage : « l'Église fait l'eucharistie, l'eucharistie fait l'Église[75]. »

Dans les panneaux peints du retable, d'un côté, le Christ Jésus apparaît sous les traits de l'enfant dans les bras de la Vierge Marie, tandis que Jean Baptiste le désigne comme l'Agneau de Dieu. De l'autre le Christ ressuscité apparaît à Marie-Madeleine qui le prend pour le jardinier et le reconnaît lorsqu'il l'appelle par son nom alors que le Christ oppose un « Ne me touche pas. Je ne suis pas encore allé vers mon Père et votre Père » (Jn 20,17), manifestant ainsi que sa présence n'est pas immédiate et qu'il nous associe à son identité filiale. Voilà des scènes bien à propos pour illustrer le travail de reconnaissance de la présence du Christ qui s'opère à l'hôpital : Christ présent sous les traits d'un enfant confié aux soins de sa mère et Christ ressuscité qui se dérobe à notre regard ! Une sœur est témoin des deux scènes, dans un jardin printanier semé de fleurs, clin d'œil à la comtesse Marguerite de Flandre, fondatrice de l'hôpital en 1246, dont la prieure porte la couronne comtale, étonnamment semblable à la couronne de gloire du Christ, comme pour suggérer que la gloire du ressuscité se communique à la communauté soignante. L'iconographie de la miniature de Seclin peut se lire comme une interprétation de l'épître

75. Formule ancienne reprise par Henri de Lubac, *Méditation sur l'Église*, Paris, Aubier-Montaigne, 1953, coll. « Théologie » n° 27, p. 103.

aux Colossiens dans le contexte hospitalier : « Si donc vous êtes ressuscités avec le Christ, recherchez les réalités d'en haut : c'est là qu'est le Christ, assis à la droite de Dieu. Pensez aux réalités d'en haut, non à celles de la terre. En effet, vous êtes passés par la mort, et votre vie reste cachée avec le Christ en Dieu. Quand paraîtra le Christ, votre vie, alors vous aussi, vous paraîtrez avec lui dans la gloire. » (Col 3,1-4.)

Ainsi l'hôpital est véritablement hôtel-Dieu, lieu de soins et lieu de prière, maison où Dieu est accueilli dans la personne des pauvres et où il manifeste sa gloire. La chapelle dédiée à la Sainte Trinité, à saint Augustin et à sainte Élisabeth de Hongrie illustre la célèbre formule du Docteur de la Grâce : « Tu vois la Trinité quand tu vois la charité[76]. » Tout cela sous le regard de la Vierge Marie qui serre l'enfant Jésus dans ses bras, Notre-Dame, dont l'hôpital porte le nom, elle qui est remplie de grâce, tout accueil au don de Dieu, Marie, par laquelle Dieu s'est fait l'un de nous.

Certes, nous ne sommes plus au Moyen Âge. L'hôpital comme bien d'autres institutions s'est sécularisé, mais la miniature garde toute sa pertinence pour nous guider et attester de la puissance de la résurrection par l'accueil et le soin des personnes malades et fragiles. Aujourd'hui comme hier, l'hôpital reste un haut lieu spirituel pour les personnes qui y sont soignées comme pour les soignants

---

76. SAINT AUGUSTIN, De Trinitate, VIII, 8, 12.

et les visiteurs de malades. Aussi, au terme de ce parcours qui s'est donné comme objectif de mettre en dialogue une expérience humaine de pratique médicale et la parole de Dieu, je voudrais proposer quelques jalons pour une spiritualité hospitalière.

IV

Jalons pour une spiritualité hospitalière

I

Dieu se révèle à l'hôpital

J'ai conscience que l'énoncé de cette affirmation peut laisser perplexe. Elle ne s'impose guère à la conscience de beaucoup et n'est assurément pas de l'ordre de l'évidence. Comme l'écrit l'apôtre Paul : « L'homme, par ses seules capacités, n'accueille pas ce qui vient de l'Esprit de Dieu ; pour lui ce n'est que folie, et il ne peut pas comprendre, car c'est par l'Esprit qu'on examine toute chose. » (1 Cor 2,14.)

Révélation, dévoilement de choses cachées, autrement dit en grec apocalypse, mot à mot « retirer le voile » c'est-à-dire découvrir la vérité de Dieu… Dans la perspective biblique et chrétienne, c'est Dieu qui se révèle, Dieu qui parle par les prophètes, Dieu qui se manifeste au cœur de l'histoire et prend l'initiative de nous rejoindre dans le Christ Jésus. Et cette révélation relève de la connaissance au sens fort du terme. Il s'agit en effet davantage de renaître en lui que de posséder un savoir sur Dieu. La révélation est avant tout de l'ordre de l'expérience du salut, dans la foi. Dieu se révèle et se donne à nous pour nous faire grandir dans la relation avec lui et par là nous renouveler, nous sanctifier, nous donner sa vie.

Le Christ a manifesté la miséricorde de Dieu jusque dans les ténèbres les plus noires de notre humanité. Celui qui sur la croix « était si défiguré qu'il ne ressemblait plus à un homme » (Is 52,14) a épousé notre condition humaine jusque dans sa fragilité la plus absolue, dans la souffrance et la déréliction. La croix est le sommet de la révélation. Comme le dit l'apôtre : « Je n'ai rien voulu connaître d'autre que Jésus Christ, ce Messie crucifié. » (1 Cor 2,2.) Or, ce Jésus crucifié, « Dieu l'a doté du Nom qui est au-dessus de tout nom » (Ph 2,9), le Nom qu'il avait révélé à Moïse, désespéré de ne pas voir sa gloire, alors qu'il était aux prises avec les pires difficultés et le découragement. « Le Seigneur descendit dans la nuée et vint se placer là, auprès de Moïse. Il proclama son nom qui est : LE SEIGNEUR. Il passa devant Moïse et proclama : "LE SEIGNEUR, LE SEIGNEUR, Dieu tendre et miséricordieux, lent à la colère, plein d'amour et de vérité…" » (Ex 34,5.6.)

Reconnaître le Christ en chacun de ceux qui nous sont confiés, en particulier les malades, les petits et les pauvres, ne relève pas de la perception immédiate. Cette reconnaissance s'effectue petit à petit, au gré d'un va-et-vient entre pratique de soin et prière, expérience et relecture dans la foi. Plus qu'une contemplation fixe du Christ dans le visage de ceux que nous rencontrons, cette manifestation se fait en chemin. Comme sur la route d'Emmaüs, le Ressuscité explique combien « il fallait qu'il souffrît pour entrer dans sa gloire » (Lc 24,26). Il se laisse reconnaître à la tombée de la nuit, dans le partage du pain, dans le geste tout simple d'une vie donnée, parce qu'elle se reçoit du Père de toute grâce. La reconnaissance du Christ présent dans les patients revêt un caractère pascal. Elle s'inscrit dans une dynamique de salut à l'œuvre. Elle donne une meilleure intelligence de ce qu'est l'homme et de ce à quoi il est appelé. Elle permet à la fois de mieux comprendre notre humanité et notre vocation à partager la vie divine. Cette révélation de Dieu à l'hôpital a la fraîcheur d'un matin de Pâques. Elle est une invitation à accueillir la lumière de l'aurore qui transfigure toute chose jusqu'à ce que « Christ soit tout et en tous » (Col 3,11). Ainsi, la révélation de Dieu dans le soin ne relève pas d'abord d'un savoir, mais bien d'une expérience de salut dont les soignants sont tout autant bénéficiaires que ceux qu'ils soignent.

À l'évidence, cette reconnaissance du Christ présent dans les malades n'est pas requise pour soigner avec compétence et amour. Elle constitue cependant une chance pour approfondir, dans la foi, le sens d'une mission hospitalière et découvrir toute l'épaisseur spirituelle de celle-ci. C'est à la fois concret et mystique, charnel et spirituel.

Très concret, charnel car il s'agit d'accueil de l'autre, du corps de l'autre dans sa fragilité, sa beauté ou sa laideur, ses odeurs plus ou moins agréables. C'est une expérience de proximité, de disponibilité, d'écoute, de regard, un accompagnement au rythme de l'autre, un chemin de vérité dans le dialogue, le respect et l'attention bienveillante. C'est aussi une belle aventure de fidélité : « Vous n'allez pas me laisser tomber ! » disent parfois des malades qui se sont livrés dans la confiance et sont attachés au non-abandon à l'heure où la maladie se complique, où les perspectives de guérison s'estompent, lorsque guette le découragement. Nous percevons combien la qualité de la relation nouée, l'esprit de service, la manière d'exercer l'autorité… s'inscrivent dans une dynamique de vie et de résurrection ou au contraire renforcent la violence intrinsèque à la maladie, l'humiliation et le désespoir, le mépris et l'abus de pouvoir. Cette qualité de relation avec les malades est sûrement essentielle au témoignage que nous donnons. Il en est de même des relations au sein de l'équipe soignante. Cela passe aussi sûrement par des choix éthiques, la qualité de l'information donnée, le rapport à l'argent et au profit et les nombreuses décisions qui contribuent à créer une ambiance et une culture commune à un établissement hospitalier ou un service, depuis le conseil d'administration et la direction générale jusqu'aux chefs de service et aux cadres de santé.

Très mystique, spirituel, car il en va de notre capacité à discerner la présence de Dieu et à entretenir la relation avec lui. En effet, « nous avons été sauvés, mais c'est en espérance ; voir ce qu'on espère, ce n'est plus espérer : ce que l'on voit, comment peut-on l'espérer encore ? Mais nous, qui espérons ce que nous ne voyons pas, nous l'attendons avec persévérance. » (Rm 8,24.25.) Tout nous a été révélé de façon ultime dans la mort et la résurrection du Seigneur et « l'espérance [née de la résurrection] ne déçoit pas, puisque l'amour de Dieu a été répandu dans nos cœurs par l'Esprit saint qui nous a été donné » (Rm 5,5). C'est ce même Esprit qui nous anime dans l'exercice de notre profession et nous fait sans cesse grandir en sainteté, alors même qu'au quotidien, nous pouvons être accablés par l'intensité des souffrances ou l'importance des contraintes liées à l'exercice de la médecine hospitalière aujourd'hui. Il en va de notre capacité à inscrire notre vie spirituelle au cœur du quotidien, à féconder notre action au souffle de l'Esprit.

« Quand on se convertit au Seigneur, le voile est enlevé. Or, le Seigneur, c'est l'Esprit, et là où l'Esprit du Seigneur est présent, là est la liberté. Et nous tous qui n'avons pas de voile sur le visage, nous reflétons la gloire du Seigneur, et nous sommes transformés en son image avec une gloire de plus en plus grande, par l'action du Seigneur qui est Esprit. » (2 Cor 3,16-18.) Cette citation montre bien combien l'expérience de la révélation de Dieu se conjugue avec l'invitation à une vie spirituelle sans cesse renouvelée pour une croissance dans l'Esprit. Dès lors, « laissons-nous conduire par l'Esprit » (Gal 5,25) et nous témoignerons davantage de la puissance de la résurrection.

L'expérience de Dieu sur les lieux de souffrance et de soins ouvre le temps limité de la maladie et le temps plus réduit encore de la fin de vie à l'éternité. La révélation de Dieu, dont la vérité se manifeste dans la faiblesse, dispose à accueillir la vie comme un don gratuit. Elle invite à ne pas se crisper sur ce que nous avons l'illusion de posséder : « Celui qui veut sauver sa vie la perdra. » Elle ouvre à l'éternité bienheureuse.

Ainsi le décline l'apôtre Paul du fond de sa captivité : « C'est pourquoi nous ne perdons pas courage, et même si en nous l'homme extérieur va vers sa ruine, l'homme intérieur se renouvelle de jour en jour. Car notre détresse du moment présent est légère par rapport au poids vraiment incomparable de gloire éternelle qu'elle produit pour nous. Et notre regard ne s'attache pas à ce qui se voit, mais à ce qui ne se voit pas; ce qui se voit est provisoire, mais ce qui ne se voit pas est éternel. » (2 Cor 4,16-18.)

Tous les efforts de la médecine peuvent être compris comme une tentative de reculer les frontières de la mort, de gagner des nouveaux territoires de vie, d'offrir un surcroît de vie aux personnes malades. Néanmoins, l'analyse que nous venons de faire démontre, s'il en était besoin, que l'essentiel n'est pas dans ce gain, dans cette conquête. L'essentiel n'est pas dans l'expansion de nos possibilités, dans les espaces grignotés, l'essentiel est dans le juste rapport à ce qui nous est donné. Le temps importe plus que l'espace, comme le pape François l'affirme dans l'exhortation apostolique *La joie de l'Évangile* : « Le temps est supérieur à l'espace. [...] Ce principe aide à supporter avec patience les situations difficiles et adverses [...]. Il est une invitation à assumer la tension entre plénitude et limite, en accordant la priorité au temps[77]. »

77. Pape François, *Evangelii Gaudium*, nos 222-223.

II

Dieu nous donne rendez-vous à l'hôpital

Dieu nous donne rendez-vous à l'hôpital pour nous permettre de mieux comprendre le mystère du Christ et grandir dans la foi. C'est un lieu où des hommes et des femmes, croyants ou non, font l'expérience du mystère pascal, autrement dit du passage de la mort à la vie, un lieu où des hommes et des femmes font, comme Marie-Madeleine, l'expérience d'être relevés, restaurés dans leur dignité par le regard qu'on leur porte, réconciliés avec eux-mêmes, capables de dépasser leurs blessures pour renaître à la vie nouvelle.

La réflexion que nous venons de mener nous permet de donner sens au contenu essentiel de la prédication de Jésus : « le royaume des Cieux est tout proche » (Mt 10,7). Tout proche ou plutôt pas bien loin… des croyants, comme des non-croyants, de ceux qui ont touché à la vérité et à la beauté de leur condition d'homme et de ceux qui pour une raison ou une autre sont restés sur le chemin, englués dans la souffrance, paralysés par la culpabilité ou l'angoisse, distraits par de nombreuses sirènes d'illusion et de mensonge, tourmentés de mille démons. « Esprits sans intelligence ! Comme votre cœur est lent à croire tout ce que les prophètes ont dit ! » (Lc 24,25.) Le royaume de Dieu est tout proche. Or, « celui qui n'accueille pas le royaume de Dieu à la manière d'un enfant n'y entrera pas » (Mc 10,15).

Au terme de cet itinéraire de relecture spirituelle, nous pouvons jubiler sous l'action de l'Esprit saint, nous associer à la louange de Jésus et chanter notre action de grâce, car elle est abondante la moisson d'un grain que nous n'avons pas semé, d'un grain qui a poussé sur le bord du chemin, sur les bas-côtés inattendus de la souffrance et du soin, au sein de structures hospitalières dont on dénonce volontiers l'inhumanité, dans des services qui font une large part aux innovations scientifiques et à la recherche clinique.

Je souhaite avant tout souligner la simplicité du message, la simplicité même de la foi chrétienne, l'amour du Père offert à tous les hommes. Cette simplicité, c'est celle de l'Évangile, celle qui s'offre de préférence aux petits et aux pauvres. Nous en avons rencontré beaucoup à l'hôpital. Avec eux, nous avons vérifié la vérité de la foi, sa pertinence existentielle, sa portée salvifique. Avec eux nous sommes fortifiés et nous grandissons dans la foi.

La démarche proposée peut surprendre. Elle s'est exemptée de la réserve à laquelle nous confine une laïcité bien assumée. « Pas de prosélytisme bien entendu ! » m'avait rappelé discrètement, et pour la forme, un membre du jury du concours de praticien hospitalier ! Il est vrai que je reste souvent extrêmement discret lorsqu'un patient, découvrant que je suis prêtre, me sollicite dans un registre religieux, alors que je suis dans l'exercice de ma fonction médicale. Je crains alors d'être prisonnier d'un schéma de pensée qui attribuerait au prêtre-médecin quelque pouvoir magique, bien utile pour obtenir la guérison ou pour régler définitivement les conflits intérieurs implicitement accusés d'être responsables de la maladie. Fort heureusement, ces situations restent exceptionnelles qui m'obligent à signifier que je ne suis ni le confesseur, ni le psychothérapeute. Lorsque je perçois une véritable attente d'accompagnement spirituel ou une demande tout aussi légitime de soutien sacramentel, je renvoie à l'équipe d'aumônerie, en prenant soin de faire le lien avec elle. Lorsque, plus rarement, le patient se trouve être aussi membre d'une paroisse où j'officie, ou si les confidences livrées rendent inopportun le renvoi, j'essaie de revoir le patient à un autre moment ou dans un autre lieu, de façon à ne pas mélanger les genres et donner l'illusion de toute-puissance.

Après un itinéraire humain et professionnel de plusieurs années, j'ai longuement mûri le désir d'en partager une lecture spirituelle avec qui veut bien l'accueillir. Je n'ignore pas les beaux développements de la théorie du *care*, réhabilitation moderne de la charité qui part de l'expérience de la sollicitude dans le soin pour en faire le moteur d'une vie sociale et politique renouvelée. Je salue les nombreuses analyses d'éthique du soin dans leur dimension personnelle et institutionnelle et me réjouis de voir leur influence croissante dans la formation des futurs professionnels de santé. Je m'associe volontiers à ceux qui mettent en valeur la dimension spirituelle du soin[78] ou cherchent à réintroduire la spiritualité à partir de l'expérience du sujet soignant ou soigné[79]. Mon propos, vous l'avez compris, est ici d'un autre ordre. Il a l'audace de proposer une approche du mystère chrétien à partir d'une longue expérience de compagnonnage avec des patients confrontés à la maladie grave, devenus pour moi autant de compagnons, sur le chemin d'Emmaüs.

Beaucoup me demandent ce que change le fait d'être prêtre dans ma manière d'être médecin. J'escamote souvent la réponse, à la fois par modestie car je connais mes imperfections et mes limites, mais aussi par pudeur,

78. Notamment mes collègues et amis du comité de lecture de la collection « Soins et spiritualité », dirigée par Eckhard Frick s.j. et Cosette Ogier aux éditions Lumen Vitae à Bruxelles.
79. Je veux citer le père Dominique Jacquemin, professeur à la faculté libre de médecine et au département d'éthique de l'Université catholique de Lille, ainsi qu'à la faculté de théologie de l'Université catholique de Louvain, auteur de nombreux articles et ouvrages. Je cite « La confrontation à la souffrance : un lieu pour penser le lien entre éthique et spiritualité », dans *Spiritualité : interpellation et enjeux pour le soin et la médecine*, Les carnets de l'Espace éthique de Bretagne occidentale n° 2, Montpellier, Sauramps Médical, p. 53-77.

car cette question touche à la cohérence intérieure de toute une vie. J'essaie, comme tous mes confrères, d'exercer mon art avec compétence et savoir-faire dans le respect de la déontologie et des règles éthiques. Autant que faire se peut, je n'esquive pas la rencontre humaine, sans cependant me considérer comme le confident de mes patients. Il m'apparaît que la familiarité avec la souffrance et le fait d'être étroitement associé au Christ dans sa passion et sa résurrection entrent en résonnance. Le fait d'être médecin colore ma manière d'être prêtre et d'annoncer l'Évangile, donne aux mots de la foi tout leur poids d'humanité, tandis que le fait d'être prêtre dispose à accueillir la pauvreté des malades et à les accompagner dans le chemin de vie qui s'offre à eux. Certes, il y a bien d'autres manières d'être humain et de soigner avec sollicitude. Il y a bien d'autres manières de vérifier la pertinence de l'Évangile et de le confronter à la réalité. Il y a bien d'autres manières d'être familier de la souffrance et d'exercer la miséricorde, qu'on pense à ce qui se passe à Lourdes ! L'exercice de la médecine ne conduit pas le prêtre que je suis à des dilemmes éthiques insolubles qui pourraient requérir l'objection de conscience ou la démission. Ce n'est pas le cas en hématologie, et en particulier dans le service où je travaille, dans lequel une réflexion sur la limitation des traitements avait largement anticipé les dispositifs de la loi du 22 avril 2005 relative aux droits des patients et à la fin de vie, la loi Leonetti. Prêtre, je suis heureux de ce ministère aux frontières, dans ce que le pape François aime appeler une périphérie existentielle, « celles du mystère du péché, celles de la douleur, celles de l'injustice, celles de l'ignorance et de l'absence religieuse, celles de la pensée, celles de toute misère[80] ». Je l'exerce sans autre compétence que ma compétence médicale et le trésor de l'Évangile que je porte dans des vases d'argile. Puisse ces quelques pages vous convaincre de son actualité et de la joie qu'il y a à l'annoncer !

80. Pape François, homélie du Jeudi saint, 28 mars 2013.

III

Familier de la souffrance et appelé à la louange !

« Familier de la souffrance » (Is 53,3), je n'en fais aucunement l'apologie. Je ne voudrais pas cautionner en quoi que ce soit le dolorisme dont on accuse souvent le christianisme. Des dérives ont existé, qu'il est bon de resituer dans leur contexte pour mieux les comprendre, sinon les excuser. Je n'ignore pas que l'expression de souffrance rédemptrice remise à l'honneur par Jean-Paul II dans une lettre apostolique[81] puisse susciter des réactions hostiles. Je préfère la considérer comme une expression explosive, un peu comme ces courts-circuits qui provoquent des incendies. L'expression « souffrance rédemptrice » ne rend pas suffisamment compte du chemin de sens qui se construit au cœur de la souffrance, un chemin ardu,

81. Jean-Paul II, *Salvifici doloris*, lettre apostolique, 1984.

rempli de gouffres et de précipices, mais un chemin où la croissance en humanité est possible, à certaines conditions, nous l'avons vu. Illuminée par la foi en la résurrection du crucifié, l'Église, depuis des siècles, chante le salut par la croix : « Par ses blessures, nous sommes guéris ! » (1 P 2,24.) De grâce, ne cantonnons pas ces expressions liturgiques au temps de la Passion. Dépassons notre quête démesurée de bien-être en accueillant le bonheur que Dieu nous offre, y compris dans les situations de souffrance et de faiblesse ! Nous y découvrirons alors de manière insoupçonnée des trésors d'humanité qui se déploient dans une vérité sans fard ni faux-fuyant, des trésors qui ont goût d'Évangile. C'est ce que j'ai tenté de mettre en valeur dans cet ouvrage.

La réflexion que j'ai proposée n'a pas comme but de défendre la foi chrétienne contre je ne sais quel ennemi. Elle ne poursuivait pas de but apologétique. Cependant, le fait de rendre compte de l'expérience spirituelle des personnes malades dont je suis témoin dans la durée me conduit à une profession de foi renouvelée au Dieu Trinité manifesté en Jésus Christ. J'ai en quelque sorte éprouvé la vérité et la pertinence de la foi chrétienne dans la confrontation à la souffrance. Tout indique que si Dieu ne s'était pas manifesté dans le Christ, s'il n'avait pas assumé notre souffrance dans la passion de son Fils, je ne serais pas croyant, mais probablement agnostique, perplexe devant le mystère du mal. L'expérience que j'ai tenté de relater dans ces lignes montre combien anthropologie et théologie se conjuguent, de telle manière que Dieu se révèle dans l'expérience de salut qu'il nous offre dans le Christ, sous l'action de l'Esprit d'amour. « Dieu, personne ne l'a jamais vu. Mais si nous nous aimons les uns les autres, Dieu demeure en nous, et, en nous, son amour atteint la perfection. Voici comment nous reconnaissons que nous demeurons en lui et lui en nous : il nous a donné part à son Esprit. Quant à nous, nous avons vu et nous attestons que le Père a envoyé son Fils comme Sauveur du monde. Celui qui proclame que Jésus est le Fils de Dieu, Dieu demeure en lui, et lui en Dieu. Et nous, nous avons reconnu l'amour que Dieu a pour nous, et nous y avons cru. Dieu est amour : qui demeure dans l'amour demeure en Dieu, et Dieu demeure en lui. » (1 Jn 4,13-16.)

Coutumier d'un monde désenchanté, sécularisé, qui n'a d'autres espoirs que les progrès que lui permettent sciences et techniques, le médecin que je suis partage cependant avec ses collègues et tous les soignants l'humilité face à la maladie, trop souvent encore victorieuse. Il salue la compétence technique et relationnelle des professionnels de santé, comme la disponibilité des familles et des bénévoles, visiteurs des malades. Le prêtre envoyé en mission à l'hôpital prête l'oreille aux douces musiques de bonté, de beauté, et de vérité qui sourdent, inattendues du milieu de la tempête, là même où Dieu répond à l'homme d'aujourd'hui, comme il a répondu autrefois à Job (Jb 38,1 ; 40,6). Il aime s'associer au chant de louange que l'Église ne cesse d'adresser à Dieu, un chant qui ressemble à ces cantiques des terres d'exil… ou plutôt aux chants mûris dans l'épreuve : « Je crois, et je parlerai, moi qui ai beaucoup souffert, moi qui ai dit dans mon trouble : “L'homme n'est que mensonge.” Comment rendrai-je au Seigneur tout le bien qu'il m'a fait ? J'élèverai la coupe du salut, j'invoquerai le nom du Seigneur. » (Ps 115,10-13.)

Avec l'Église nous devons en effet tenir que « d'une manière que Dieu connaît, tout homme est associé au mystère pascal[82] ». Christ est Sauveur de tous les hommes, croyants ou non. Et « l'amour du Christ nous saisit quand nous pensons qu'un seul est mort pour tous, et qu'ainsi tous ont passé par la mort. Car le Christ est mort pour tous, afin que les vivants n'aient plus leur vie centrée sur eux-mêmes, mais sur lui, qui est mort et ressuscité pour eux. » (2 Cor 5,14.15.) Sur la croix, c'est toute l'humanité souffrante qu'il rejoint et qui passe avec lui de la mort à la vie. C'est ce que nous manifestons dans l'eucharistie célébrée pour ceux que l'Église rassemble et pour la multitude des hommes, l'eucharistie qui anticipe le banquet final auquel Dieu convie tous les hommes : « Heureux les invités au festin du Royaume ! »

Ainsi, nous pouvons faire nôtre la bénédiction du début de l'épître aux Éphésiens, qui chante le déploiement de la grâce de Dieu, l'accomplissement du dessein du Père :

82. Concile œcuménique de Vatican II, *Gaudium et spes*, 22, 5.

« Béni soit Dieu, le Père de notre Seigneur Jésus Christ ! Il nous a bénis et comblés des bénédictions de l'Esprit, au ciel, dans le Christ. Il nous a choisis, dans le Christ, avant la fondation du monde, pour que nous soyons saints, immaculés devant lui, dans l'amour. Il nous a prédestinés à être, pour lui, des fils adoptifs par Jésus, le Christ. Ainsi l'a voulu sa bonté, à la louange de gloire de sa grâce, la grâce qu'il nous donne dans le Fils bien-aimé. En lui, par son sang, nous avons la rédemption, le pardon de nos fautes. C'est la richesse de la grâce que Dieu a fait déborder jusqu'à nous en toute sagesse et intelligence. Il nous dévoile ainsi le mystère de sa volonté, selon que sa bonté l'avait prévu dans le Christ : pour mener les temps à leur plénitude, récapituler toutes choses dans le Christ, celles du ciel et celles de la terre. En lui, nous sommes devenus le domaine particulier de Dieu, nous y avons été prédestinés selon le projet de celui qui réalise tout ce qu'il a décidé : il a voulu que nous vivions à la louange de sa gloire, nous qui avons d'avance espéré dans le Christ. En lui, vous aussi, après avoir écouté la parole de vérité, l'Évangile de votre salut, et après y avoir cru, vous avez reçu la marque de l'Esprit saint. Et l'Esprit promis par Dieu est une première avance sur notre héritage, en vue de la rédemption que nous obtiendrons, à la louange de sa gloire. » (Ep 1,3-14.)

Pour conclure, une invitation…

…À DISCERNER LA PRÉSENCE CACHÉE DE DIEU

Le prêtre que je suis peut partager tout le profit qu'il a à vivre dans la durée un engagement médical comme partie intégrante de la mission reçue de ses évêques successifs. Il ne peut qu'inviter ses confrères médecins et soignants, ainsi que ceux qui visitent régulièrement des malades, à discerner la présence cachée de Dieu sur les lieux de souffrance et de soin, à révéler les dimensions de bonté, de beauté et de vérité qui s'y jouent à l'opposé des évolutions culturelles qui bouleversent la relation de soin : réduction de l'homme à la biologie, contraintes des procédures et des démarches qualité, omniprésence de l'informatique, tout comme les dérives éthiques qui menacent aujourd'hui les personnes les plus vulnérables : violence du suicide assisté et de l'euthanasie, fausseté d'une anthropologie basée sur l'individu et d'une conception de la dignité trop liée à la raison et à la performance, interruptions de grossesse, sélection des malades sur des critères de rentabilité, lucre et appât du gain…

…À UN ENGAGEMENT À LA CHARITÉ ACTIVE

Le fait de confesser Dieu qui se révèle à l'hôpital, conduit à l'invitation à un engagement renouvelé dans une charité active, laquelle se décline tout autant dans la compétence professionnelle et les qualités relationnelles que dans le respect des exigences éthiques personnelles et institutionnelles. Cela représente un véritable défi notamment pour les institutions chrétiennes appelées à manifester structurellement les vertus de l'hospitalité à la suite du Christ.

…AU BONHEUR ET À LA LOUANGE

Ce livre n'a d'autre prétention que de mettre en valeur les itinéraires spirituels dont je suis témoin à l'hôpital, et de les mettre en dialogue avec le chemin du serviteur souffrant, de celui qui est passé par la croix pour nous révéler le visage de Dieu et la puissance de sa miséricorde. Je l'ai fait sans doute maladroitement, la mémoire trop chargée d'histoires singulières et d'énigmes indéchiffrables. Mais j'ai plaisir aujourd'hui à les offrir à votre méditation. Puissiez-vous y découvrir un chemin de bonheur, le bonheur de servir à votre tour vos frères souffrants (Jn 13,17), le bonheur de voir les tout petits entrer dans l'intelligence de Dieu (Lc 10,21), le bonheur de ceux qui sont en train d'être sauvés (1 Cor 1,18) et qui peuvent suivre le Christ jusqu'à la croix pour connaître avec lui la joie des béatitudes (Mt 5,1-12). Puissiez-vous alors à votre tour entrer dans la louange et chanter le Christ Sauveur !

Annexe 1

Extrait de l'article publié dans la revue *Laennec*, vol. 32, n° 1, octobre 1983, p. 8-9, sous le titre « Accueil de la vie à travers la mort ».

… J'ai essayé d'aider B. à se souvenir de ce qu'est la vie, la vie libre, en bonne santé : une promenade en montagne, une soirée avec des amis, à se remémorer ce qui récemment était perçu comme vie en plénitude : l'oiseau qui chante, le vent qui souffle, un enfant qui court. Ensemble, nous avons regardé le combat mené à l'hôpital contre la maladie, un combat raisonnable qui invitait à contempler la vie, la vie sans prix, inestimable, la vie qu'on ne peut négocier au risque de la perdre. Et B. a contemplé cette force de vie, cette force libre, gratuite, comme un sourire. […]

« Si ne serait-ce qu'une fois, tu t'es détourné de ce but, survivre à tout prix, si tu t'es engagé sur la voie que prennent les âmes simples et paisibles, tu en es transformé merveilleusement », et B. va accomplir cette parole de Soljenitsyne[83] : se libérer des blocages, ne plus réclamer la vie comme un dû mais l'accueillir comme un don, un présent de Dieu.

Alors tout est changé, l'infirmière n'est plus bien éduquée, mais sympathique ; l'angoisse fait place au sourire, la peur à l'espérance. L'horizon se libère et de nouveau s'ouvrent des perspectives dynamiques. L'avenir existe, différent d'une simple répétition du passé, accueil toujours nouveau du présent de Dieu. Ainsi B. réécrit aux amis, se réjouit des visites, il élabore des projets de week-end, accepte des invitations. Il donne le meilleur témoignage de l'accueil de la vie, de la grâce de Dieu qu'est la joie, le sourire et même l'humour. [...] Il accueillait la vie comme un don, une proximité de Dieu, qui fait vivre. Et cet accueil, cette joie ont triomphé de la mort, ils persistent au-delà de l'inéluctable de la mort. [...]

La vie est absurde dans la souffrance et la mort, si le regard se polarise sur le passé, un passé qui ne sera plus ; elle devient vie et vie éternelle si elle prend sens dans le présent, dans l'accueil du Don de Dieu, de cette vie qui vient de Dieu, qui est plénitude d'amour, alors le regard sur les souffrances devient autre ; « J'estime que les souffrances du temps présent ne font pas le poids face à la gloire qui va nous épanouir. » (Rm 8,18.)

83. Soljenitsyne, *L'archipel du goulag*, t. 2, Paris, Seuil, 1974, p. 455.

Annexe 2

Méditation envoyée à la demande de la famille pour les funérailles civiles de Y. et lue publiquement après la lecture de Lc 12,22-32.

Ce qui me frappait chez Y., c'était ce détachement joyeux, une sorte de légèreté qui lui permettait de ne pas prendre les choses au tragique. Dans la dernière conversation que j'ai eue avec lui, il oscillait entre rêves de guérison et réalisme sur la fin de vie toute proche, mais il ne manifestait pas d'inquiétude, encore moins d'angoisse. Peut-être cachait-il ses sentiments profonds. Je ne le crois pas. Pour l'avoir fréquenté depuis une dizaine d'années, pour l'avoir accompagné dans sa maladie, je suis convaincu qu'il vivait avec une grande liberté intérieure. Dès l'annonce du diagnostic de sa leucémie, il avait cru que la fin était proche et avait arrêté son travail. Il a d'autant plus apprécié ces années qu'il lui était donné de vivre en compagnie de son épouse, en cultivant l'amitié et en accueillant ce que la vie lui offrait. Son sourire traduisait une grande simplicité. Sa satisfaction n'était en rien celle d'un enfant gâté à qui tout est dû, mais l'expression d'une jouissance émerveillée devant ce qui se présentait, « par-dessus le marché » comme le dit Jésus dans l'évangile que nous venons d'entendre. Y. a appris à vivre au présent, à profiter de la vie non comme un consommateur exigeant mais comme un gourmet, un fin connaisseur des bonnes choses.

Vous m'avez rapporté qu'il proclamait parfois bruyamment son athéisme. Il me savait prêtre, mais je ne me souviens pas de conversation à ce propos. Peu importe, le Dieu auquel je crois, auquel nous croyons, est un Dieu d'amour et de gratuité, un Dieu qui donne sans compter, un Dieu qui en Jésus Christ nous a tout donné en partage. Permettez-moi de penser qu'Y. ne sera pas dépaysé face à ce Dieu-là, un Dieu qui nous invite à ne pas être inquiets, à ne pas nous préoccuper pour notre corps ou pour nos vêtements, un Dieu qui nous appelle à la confiance et à la paix, car lui-même est confiance et paix dans l'éternel échange d'amour qui le constitue, Trinité du Père, du Fils et de l'Esprit saint.

Aussi, au-delà de la tristesse de la séparation, je vous invite à dire merci pour la vie d'Y. et si vous êtes croyants à rendre grâce à Dieu pour ce qu'il nous a donné par lui. Puisse-t-il nous communiquer sa grande liberté et son sourire, son détachement et sa simplicité. Puisse-t-il à travers lui nous donner le goût de chercher davantage son Royaume.

Confions Y. à la miséricorde du Père, à celui qui habille l'herbe des champs et nourrit les petits oiseaux. Qu'il le comble de sa tendresse. Qu'il lui donne de connaître en lui la plénitude de vie. Amen. Alléluia.

Table des matières

Mis en pages par Text'oh ! (Dole)

Achevé d'imprimer en France en septembre 2015
par Normandie Roto Impression s.a.s., 61250 Lonrai
Dépôt légal : octobre 2015 – N° d'impression : 1503904